高职院校
"思想道德与法治"
教学设计与参考

- 主 编 侯丽君
- 副主编 王晓萌 陈 茜 李国玲 王春莲 周利华

西南大学出版社

图书在版编目(CIP)数据

高职院校"思想道德与法治"教学设计与参考 / 侯丽君主编. -- 重庆：西南大学出版社, 2024.12.
ISBN 978-7-5697-2782-1

Ⅰ.G711

中国国家版本馆CIP数据核字第2024HC9321号

高职院校"思想道德与法治"教学设计与参考
GAOZHI YUANXIAO "SIXIANG DAODE YU FAZHI" JIAOXUE SHEJI YU CANKAO

主　编　侯丽君
副主编　王晓萌　陈　茜　李国玲　王春莲　周利华

责任编辑：曹园妹
责任校对：尹清强
装帧设计：汤　立
排　　版：杨建华
出版发行：西南大学出版社(原西南师范大学出版社)
　　　　　地址：重庆市北碚区天生路2号　邮编：400715
　　　　　市场营销部电话：023-68868624
经　　销：全国新华书店
印　　刷：重庆新荟雅科技有限公司
成品尺寸：170 mm×240 mm
印　　张：14.75
字　　数：267千字
版　　次：2024年12月第1版
印　　次：2024年12月第1次印刷
书　　号：ISBN 978-7-5697-2782-1

定　　价：58.00元

前　言

随着时代的发展，高职院校的教育教学工作面临着新的机遇与挑战。特别是"00后"这一代高职学生，他们的成长背景、思想观念以及价值追求都呈现出新的特点。因此，如何结合这一群体的实际，有效地开展"思想道德与法治"课程的教学，成为摆在我们面前的重要课题。

《高职院校"思想道德与法治"教学设计与参考》正是基于这样的背景编撰而成的，它是2019年度教育部高校示范马克思主义学院和优秀教学科研团队建设项目（一般选题）"面向'00后'高职大学生的工匠精神培育与思想政治理论课教学创新研究"成果（项目批准号：19JDSZK060）。本书旨在为高职院校思政课教师提供一套完整的教学资源，以助力他们更好地开展"思想道德与法治"课程的教学工作。

本书按章编写，每章内容均包含教案设计、案例分析、实践环节、课后练习四个板块。这样的设计不仅为教师提供了全面、系统的教学资源，也为学生提供了更加丰富、多样的学习体验。教案设计部分，注重理论知识的系统性和完整性，同时结合高职学生的特点和实际需求，突出实用性和针对性；案例分析部分，我们精选了与高职学生密切相关的案例，特别是那些体现劳模精神、劳动精神、工匠精神的案例，旨在通过对案例的分析和讨论，引导学生深入理解相关知识；实践环节部分，我们设计了一系列与课程内容相关的实践活动和项目，旨在让学生在实践中运用所学知识，提高实际操作能力；课后练习部分，我们提供了丰富的练习题和详细的参考答案，方便学生进行自我检测和巩固所学知识。

本书由侯丽君担任主编，王晓萌、陈茜、李国玲、王春莲、周利华担任副主编。侯丽君拟定全书的编写思路，主要编写了绪论部分，并负责全书各章的修改和统稿工作。李国玲编写了第一章的全部内容，王春莲编写了第二章的全部内容,王晓萌编写了第三章和第六章的全部内容,陈茜编写了第四章的全部内容,周利华编写了第五章的全部内容。他们凭借深厚的学术功底和丰富的教学经验,为本书的顺利完成作出了贡献。

本书在编写过程中参阅、借鉴了一些文献资料和公开报道的材料,参考、引用了兄弟院校老师编写的一些资料,谨在此表示衷心的感谢!

衷心感谢重庆工业职业技术学院各位领导和同仁对本书编写的大力支持!

由于编者水平有限,书中存在疏漏和不足之处,恳请广大读者在使用过程中能够提出宝贵的意见和建议,以便我们不断完善和更新本书的内容,深表感谢!

编者

2024年6月30日

目 录

绪论　担当复兴大任　成就时代新人 ·································· 1
 第一部分　教案设计 ··· 3
 第二部分　案例分析 ··· 9
 第三部分　实践环节 ·· 12
 第四部分　课后练习 ·· 13

第一章　领悟人生真谛　把握人生方向 ······························ 19
 第一部分　教案设计 ·· 21
  第一节　人生观是对人生的总看法 ································· 22
  第二节　正确的人生观 ··· 25
  第三节　创造有意义的人生 ·· 29
 第二部分　案例分析 ·· 37
 第三部分　实践环节 ·· 41
 第四部分　课后练习 ·· 42

第二章　追求远大理想　坚定崇高信念 ······························ 53
 第一部分　教案设计 ·· 55
  第一节　理想信念的内涵及重要性 ································· 56
  第二节　坚定信仰信念信心 ·· 58
  第三节　在实现中国梦的实践中放飞青春梦想 ··············· 61

1

第二部分　案例分析 ·· 64
　　第三部分　实践环节 ·· 68
　　第四部分　课后练习 ·· 69

第三章　继承优良传统　弘扬中国精神 ························ 79
　　第一部分　教案设计 ·· 81
　　第一节　中国精神是兴国强国之魂 ···························· 82
　　第二节　做新时代的忠诚爱国者 ······························· 89
　　第三节　让改革创新成为青春远航的动力 ···················· 95
　　第二部分　案例分析 ·· 99
　　第三部分　实践环节 ··· 102
　　第四部分　课后练习 ··· 105

第四章　明确价值要求　践行价值准则 ························ 115
　　第一部分　教案设计 ··· 117
　　第一节　全体人民共同的价值追求 ··························· 118
　　第二节　社会主义核心价值观的显著特征 ··················· 128
　　第三节　积极践行社会主义核心价值观(实践课) ·········· 132
　　第二部分　案例分析 ··· 135
　　第三部分　实践环节 ··· 138
　　第四部分　课后练习 ··· 139

第五章　遵守道德规范　锤炼道德品格 ························ 147
　　第一部分　教案设计 ··· 149
　　第一节　社会主义道德的核心与原则 ························ 150
　　第二节　吸收借鉴优秀道德成果 ······························ 155
　　第三节　投身崇德向善的道德实践 ··························· 158

第二部分　案例分析	163
第三部分　实践环节	168
第四部分　课后练习	170

第六章　学习法治思想 提升法治素养 ············ 179
第一部分　教案设计	181
第一节　社会主义法律的特征和运行	182
第二节　坚持全面依法治国	189
第三节　维护宪法权威	195
第四节　自觉尊法学法守法用法	203
第二部分　案例分析	210
第三部分　实践环节	216
第四部分　课后练习	218

参考文献 ············ 226

绪论

担当复兴大任
成就时代新人

第一部分 教案设计

教学目标

通过对绪论内容的学习,学生能理解中国特色社会主义进入新时代,新时代为大学生成长成才、勤学报国提供了广阔的舞台和无限的机遇;学生能领悟时代新人要以民族复兴为己任,以有理想、有本领、有担当为根本要求,以立大志、明大德、成大才、担大任为自身使命,通过提升自身思想道德素质与法治素养成为中国特色社会主义事业的合格建设者和可靠接班人,成为新时代的奋进者、开拓者、奉献者。

教学重点

1. 中国特色社会主义进入新时代。
2. 如何做有理想、有本领、有担当的时代新人。
3. 明确学习"思想道德与法治"的重要意义。

教学难点

1. 如何做有理想、有本领、有担当的时代新人。
2. 认识思想道德素质与法治素养对大学生成长成才的重要性。

教学准备

教案、课件、视频资料、多媒体教室、网络学习平台、实践基地等。

教学方法

讲授法、讨论法等。

教学课时

2学时。

教学过程

◎ 课程导入：

大学时期是新的人生阶段，也是一段特殊而宝贵的人生新旅，青春、梦想、友谊、爱情、学业、职业……这些人生中最珍贵而美好的课题，都将扑面而来，与你们相遇。

如何为人生新旅做好准备？

请同学们谈一谈你们心目中的大学生活是什么样的。

◎ 课程内容：

人们在旅行出游之前，都会做一个"旅行攻略"。这个旅行"攻略"会包含三个要素："我"在哪里——这是出发点和"始发站"；"我"要去哪里——这是方向和"目的地"；"我"要怎么去——这是出行方式和"行程图"。其中，出发点是基础和前提。譬如，我们从北京去西藏，购票的出发地就不能是上海。开启一段人生新旅也是如此，判断所处历史方位，是我们明确发展方向和目标、找到发展路径和方法的重要前提。

一、我们处在中国特色社会主义新时代

（一）中国特色社会主义进入新时代的意义和内涵

党的十九大报告用"三个意味着""四个发展史""五个是"，对新时代的意义和内涵进行了深刻的阐释。

中国特色社会主义进入新时代，在中华人民共和国发展史上，就是进入决胜全面建成小康社会、进而全面建设社会主义现代化强国的时代，也就是进入实现"两个一百年"奋斗目标的时代。在中华民族发展史上，就是进入全国各族人民团结奋斗、不断创造美好生活、逐步实现全体人民共同富裕的时代，进入全体中华儿女勠力同心、奋力实现中华民族伟大复兴中国梦的时代。它意味着近代以来久经磨难的中华民族迎来了从站起来、富起来到强起来的伟大飞跃，迎来了实现中华民族伟大复兴的光明前景。在世界社会主义发展史上，就是进入在新的历史条件下继续夺取中国特色社会主义伟大胜利的时代。它意味着科学社会主义在21世纪的中国焕发出强大生机活力，在世界上高高举起了中国

特色社会主义伟大旗帜。在人类社会发展史上,就是进入我国日益走近世界舞台中央、不断为人类作出更大贡献的时代。它意味着中国特色社会主义道路、理论、制度、文化不断发展,拓展了发展中国家走向现代化的途径,给世界上那些既希望加快发展又希望保持自身独立性的国家和民族提供了全新选择,为解决人类问题贡献了中国智慧和中国方案。

(二)新时代的机遇和挑战

党的十九大以来,我多次讲,当今世界正经历百年未有之大变局。当前,新冠肺炎疫情全球大流行使这个大变局加速变化,保护主义、单边主义上升,世界经济低迷,全球产业链供应链因非经济因素而面临冲击,国际经济、科技、文化、安全、政治等格局都在发生深刻调整,世界进入动荡变革期。今后一个时期,我们将面对更多逆风逆水的外部环境,必须做好应对一系列新的风险挑战的准备。

——《习近平在经济社会领域专家座谈会上的讲话》

新的阶段性特征正在不断呈现:全球治理体系和国际秩序变革加速推进,国际力量对比更趋平衡,和平发展大势不可逆转,不合理的世界格局和旧的政治经济秩序难以为继,新的世界秩序正在酝酿和重构之中。

时代本质没有发生根本改变:尽管我们所处的时代同马克思所处的时代相比发生了巨大而深刻的变化,但从世界社会主义500年的大视野来看,我们依然处在马克思主义所指明的历史时代。

新时代的机遇和挑战主要有:世界力量对比出现新变化,世界秩序面临再调整。世界体系的资本主义属性没有改变,资本主义力量在当今世界格局中仍然处于主导地位。

当前,世界百年未有之大变局加速演进,世界进入新的动荡变革期,我国发展进入战略机遇和风险挑战并存、不确定难预料因素增多的时期,必须准备经受风高浪急甚至惊涛骇浪的重大考验。我国改革发展稳定依然面临不少深层次矛盾,需求收缩、供给冲击、预期转弱三重压力仍然较大,经济恢复的基础尚不牢固,各种超预期因素随时可能发生。

——《中国共产党第二十届中央委员会第二次全体会议公报》

新时代为大学生成长成才、勤学报国提供了广阔的空间和无限的机遇,经济建设主战场、文化发展大舞台、社会建设新领域、科技创新最前沿、基层实践大熔炉,都是当代大学生贡献聪明才智、书写青春篇章的热土,中华民族伟大复兴的中国梦终将在一代代青年的接力奋斗中变为现实。

二、新时代呼唤担当民族复兴大任的时代新人

结合党史百年的"四个伟大成就"和"四个历史时期",说明无论过去、现在还是未来,中国青年始终是实现中华民族伟大复兴的先锋力量。

引导学生思考:应当怎样做担当民族复兴大任的时代新人?

只有树立远大志向,才能把握正确的人生方向,了解自身的责任。要做社会主义核心价值观的践行者,要做先进文化的传承者,要做正确价值标准的坚守者,要做道德修为的示范者。大学生素质和本领的强弱,直接影响着民族复兴的进程;青年的担当是决定人生价值的最大砝码。有担当的青年是影响时代发展进程的重要力量。

播放视频:《青年榜样习近平》(人民日报微视频)。

请学生谈自己的感想:青年时代的习近平有哪些优秀品质?如何才能成为担当民族复兴大任的时代新人?

青年兴则国家兴,青年强则国家强。青年一代有理想、有本领、有担当,国家就有前途,民族就有希望。大学生是国家宝贵的人才资源,肩负着人民的重托、历史的重任。我们要肩负历史使命,坚定前进信心,立大志、明大德、成大才、担大任,努力成为堪当民族复兴重任的时代新人。

立大志,就是要有崇高的理想信念,牢记使命,自信自励。青年理想远大、信念坚定,是一个国家、一个民族无坚不摧的前进动力。大学生要有作为中华儿女的骄傲和自豪,不断增强做中国人的志气、骨气、底气!

明大德,就是要锤炼高尚品格,崇德修身,启润青春。青年引风气之先,其道德水准和精神风貌直接影响一个民族的文明素养。面对变幻时势,要明辨是非、恪守正道,不人云亦云、盲目跟风;面对外部诱惑,应保持定力、严守规矩,用勤劳和诚实创造美好生活,拒绝投机取巧、远离自作聪明;面对幸福生活,应饮水思源、懂得回报,感恩党和国家,感恩社会和人民;面对时代使命,要体察世间冷暖、民众忧乐、现实矛盾,从中找到人生真谛、生命价值、事业方向。

成大才,就是要有高强的本领才干,勤奋学习,全面发展。大学生要有本领不够的危机感、能力不足的紧迫感,自觉加强学习、勤奋探索,勇于实践,全面发展。

担大任,就是要有天下兴亡、匹夫有责的担当精神,讲求奉献,实干进取。大学生要自觉树立国家意识、民族意识、责任意识,把个人的前途命运与国家、民族的前途命运紧紧地联系在一起。

三、不断提升思想道德素质和法治素养

(一)思想道德与法律的关系

思想道德与法律都是调节人们思想行为、协调人际关系、维护社会秩序的重要手段,是两种基本的社会规范。法律是成文的道德,道德是内心的法律。

一方面,道德与法律不能相互替代、混为一谈。二者在调节领域、调节方式、调节目标等方面存在很大不同。

另一方面,道德与法律作为两种重要的社会调节手段,又相互补充、相互促进,共同服务于经济社会的健康有序发展。二者的联系表现在:其一,思想道德建设为法治建设提供思想指引和价值基础。其二,法治建设为思想道德建设提供制度支撑和法律保障,通过对思想道德的基本原则予以确认,为思想道德建设提供国家强制力保障。随着社会的发展,某些思想道德的基本原则逐渐凸现出来,被认为其对社会非常重要并有被经常违反的危险,立法者就有可能将之纳入法律的范畴;相反,某些过去曾被视为不道德因而需用法律加以禁止的行为,也有可能退出法律领域而转为道德调整。

(二)不断提升思想道德素质和法治素养

思想道德素质是人们的思想观念、政治立场、价值取向、道德情操和行为习惯等方面品质和能力的综合体现,反映着一个人的思想境界和道德风貌,是促进个体健康成长、社会发展进步的重要保障。

法治素养是指人们学习法律知识、理解法律本质、运用法治思维、依法维护权利与依法履行义务的品质和能力,对于保证人们尊崇法治、遵守法律具有重要的意义。

良好的思想道德素质和法治素养,是新时代大学生把握发展机遇、做好人生规划、书写时代华章的必备条件,需要在学习中养成、自律中锤炼、实践中升华。

(三)学习本课程的重要意义

"思想道德与法治"是一门融思想性、政治性、科学性、理论性、实践性于一体的思想政治理论课。思想政治理论课是落实立德树人根本任务的关键课程。

本课程针对大学生成长过程中面临的思想道德与法治问题,开展马克思主义人生观、价值观、道德观、法治观教育,帮助大学生提升思想道德素质和法治素养,成长为自觉担当民族复兴大任的时代新人。学习本课程,有助于大学生领悟人生真谛,坚定理想信念,弘扬中国精神,培育和践行社会主义核心价值观;有助于大学生遵守道德规范、锤炼道德品格,把正确的道德认知、自觉的道德养成和积极的道德实践紧密结合起来,引领良好的社会风尚;有助于大学生学习法治思想、养成法治思维,自觉尊法学法守法用法,从而具备优秀的思想道德素质和法治素养。

◎ **课程小结:**

"新时代"是我们理解当前所处历史方位的关键词。当代大学生是民族复兴伟大进程的见证者和参与者。大学生成为能够担当民族复兴大任的时代新人必须做到:立大志、明大德、成大才、担大任。思想道德素质与法治素养是新时代大学生必须具备的基本素质,学习本课程有重要意义。

◎ **总结提高:**

"思想道德与法治"课程一般都作为大学生学习的第一门思想政治理论课,应特别关注大学新生在学习和生活中遇到的实际问题。在案例选取以及讨论话题引导等方面要注意从学生的专业特点和已有知识储备情况出发。绪论作为本课程的开篇,不仅要介绍本课程的定位、意义和内容等,还要特别注意讲清楚中国特色社会主义新时代这一历史方位的内涵和意义,引导学生认识到自己是担当民族复兴大任的时代新人,必须有理想、敢担当、能吃苦、肯奋斗。

第二部分
案例分析

案例呈现

"汽修女孩"的璀璨人生

出生于2004年的深圳女孩古慧晶怎么也想不到,自己15岁那年作出的入学选择,会让她的人生如此"开挂"——17岁拿下技能大赛省赛一等奖,18岁获得中职教育国家奖学金,5次登上中央电视台并被授予"非常少年"奖杯,多次登上微博热搜榜,全网浏览量超5亿次。

"人生只要肯努力,职高一样有前途。"古慧晶用自己的奋斗故事向大众展现了"职业教育成功的另一种可能"。

一场小学课堂上播放的电影,为古慧晶打开了另一个世界的大门。她总是在想,如果自己能像电影中那样,组装出一辆汽车该多好。后来,她发现自己看到汽车就有种说不出的喜欢,甚至很喜欢闻汽油味。

临近初三毕业,古慧晶主动提出要去读职高。一开始,父母根本不同意,觉得"这孩子肯定是闹着玩的",第二次提出后,父母还是不同意,他们试图说服女儿:"你的成绩虽然不是特别好,但是考上普高还是没问题,为什么要自己选择职高这条路?"

当时只有15岁的古慧晶却有着非常成熟的处理方式。她代入父母的角色,去想父母为什么不同意。"如果我是父母,我肯定也会很惊讶,职业教育在社会上地位不高,谁会让孩子去走这条相对难走的路呢?"古慧晶说。

为了让父母安心,古慧晶走遍了深圳所有的中职学校,根据自己的职业理想,最终锁定了深圳市第二职业技术学校的汽车运用与维修专业。

"我连新生的QQ群都进了。学校环境怎么样、学什么,学校有哪些优势,在深圳排名怎么样,这些情况我都摸清楚了才跟父母再次交流。"古慧晶说。

父母最终同意了她的选择。

就在古慧晶进入职高的2019年,国务院印发了《国家职业教育改革实施方案》,提出职教和普教是不同类型的教育,具有同等重要的地位,要完善国家职业教育制度体系。

古慧晶就读的这所学校,成功入选广东省首批高水平中职建设学校和高水平建设单位。在汽车专业方面,更是投入了近2000万元的设施设备,专业设置上既有传统的汽车维修与应用,又有新能源汽车等。

2020年春节期间,学校开始备赛广东省职业院校学生专业技能大赛汽车机电维修赛,古慧晶是30多名备赛学生中唯一的女生。

"训练是封闭式的,过年也只放5天假,每天的训练强度都很大,从早上8点到深夜一两点是常事。"古慧晶回忆当时备赛4个月的训练场景,"汽车四轮定位、维护保养、拆装发动机、汽车故障与诊断,每走完一个流程,休息几分钟再走一遍。很多人坚持不住先离开了,最后只剩下我和另外3名男同学。"

为了在规定的时间内完成动作,古慧晶需要穿着带铁块的工鞋在车间里"以跑代走"。4个赛项,完整操作一遍要两个多小时。一趟流程做完,古慧晶的衣服和鞋子全部湿透,手上、脸上和脖子上也都沾满了黑色的机油。长时间的训练难免会磕磕绊绊,手脚磨破也都是常事。而像这样的练习,她每天要重复至少三四遍。

在反复的练习中,她还做到了创新和突破,运用更多技巧来弥补女生做汽修"体力不足"这一劣势。车轮后弹簧很重,古慧晶就利用杠杆原理,省去很多力气。

2021年4月,经过艰苦备赛和层层选拔,古慧晶斩获省赛一等奖,并获得国赛遴选赛参赛资格。在比赛中,她操作发动机拆装赛项目共用时26分钟,比全校以往最好的成绩少半分钟,刷新了纪录。

她也成为第一个参加这类赛事并摘金的女生,还获得深圳职业技术学院的保送资格。

2021年6月,一条"深圳00后女孩拿下全省汽修大赛一等奖"的词条冲上热搜榜,古慧晶的生活改变了,每天打交道最多的人变成了记者。但多次被报道的她,并没有丢失自己内心的平静。

"我就是个普通高中生,更想把精力放在钻研学业上,不想当'追流量的人'。"古慧晶说,她看到有人私信说因为看了她的故事,和家长勇敢说出了自己的想法并获得了同意。"这比所谓的'火了'更让我开心,这才是我想要传递的。"

2022年9月开学前夕,古慧晶中学阶段的最后一个暑假,她报名了深圳"王者杯"卡丁车大赛。"这个暑假我已经参加了两次卡丁车大赛,这也是我心中的另一个梦想。"古慧晶说,自己的人生由自己创造!这名"汽修女孩"觉得,作为一名职高生,也能让自己的人生像焰火一样璀璨。

[刘芳.《中国青年报》,2022-09-14(03),有改动]

思考讨论

1. 古慧晶的成长经历对你有哪些启发?
2. 结合材料谈谈新时代大学生如何才能成为担当民族复兴大任的时代新人。

案例点评

古慧晶的成长经历告诉我们:选择专业和职业方向时应从自己的兴趣爱好出发,不要人云亦云、随波逐流,自己的人生由自己创造;选定奋斗方向后就要向着目标努力奋斗、积极进取、不怕吃苦;努力会有收获,付出就会有回报,但取得阶段性成绩之后一定不能忘记自己的初心。

新时代大学生要成为担当民族复兴大任的时代新人,就要做到:立大志、明大德、成大才、担大任。大学阶段是树立远大理想、锤炼良好品格、增强专业技能的最好时期。大学生一定要珍惜时间、不负韶华,要求真务实、有为善为,勇于面对实际生活中的各种挫折考验,勤奋刻苦、磨砺意志、脚踏实地、奋发有为。

使用建议

在讲授"新时代呼唤担当民族复兴大任的时代新人"时可使用该案例,引导学生结合自身专业特点进行讨论并规划自己的大学生活。

第三部分 实践环节

实践目的

当代大学生建功立业的舞台空前广阔,梦想成真的前景空前光明,每个人都有机会在实现中国梦的伟大实践中创造自己的精彩人生。规划好自己的大学生活,能帮助大学生形成正确的世界观、人生观、价值观,树立科学的理想信念并做好克服困难的准备。

活动设计

写一份《我的大学规划》。先写清楚大学阶段的总目标是什么,再分年级(大一、大二、大三)写清楚自己在大学时期设定的阶段性目标和准备采取的行动。

注意事项

要求班级中的每个同学都要写下《我的大学规划》,可以写简略一些,写好后直接发老师邮箱,请愿意的同学在课堂上给大家分享自己的规划。教师可以根据学生的规划作适当引导。

第四部分 课后练习

一、单项选择题

1.( )是我们理解当前所处历史方位的关键词。

A.新时期　　B.新时代　　C.新年代　　D.新变化

2.中国特色社会主义进入新时代,意味着科学社会主义在21世纪的中国焕发出强大生机活力,在世界上高高举起了( )伟大旗帜。

A.马克思主义　　　　B.科学社会主义

C.中国特色社会主义　　D.民主社会主义

3.新时代是决胜全面建成小康社会、进而全面建设社会主义( )的时代。

A.现代化国家　　B.初级阶段　　C.现代化　　D.现代化强国

4.思想道德和法律都是调节人们思想行为、协调人际关系、维护( )的重要手段。

A.社会和谐　　B.安定团结　　C.社会秩序　　D.活动秩序

5.( ),就是要锤炼高尚品格,崇德修身,启润青春。

A.明大德　　B.成大才　　C.立大志　　D.担大任

二、多项选择题

1.党的二十大报告指出,十年来我们经历了对党和人民事业具有重大现实意义和深远历史意义的三件大事,具体是指( )。

A.迎来中国共产党成立一百周年

B.迎来新中国成立七十周年

C.中国特色社会主义进入新时代

D.完成脱贫攻坚、全面建成小康社会的历史任务,实现第一个百年奋斗目标

2.思想道德和法律都是调节人们思想行为、协调人际关系、维护社会秩序的重要手段,二者的关系是( )。

A.思想道德和法律在调节领域、调节方式、调节目标等方面存在很大不同

B.思想道德和法律都是上层建筑的重要组成部分,共同服务于一定的经济基础

C.思想道德建设为法治建设提供思想指引和价值基础

D.法治建设为思想道德建设提供制度支撑和法律保障

3.大学生要努力成为堪当民族复兴重任的时代新人,就应当做到(　　)。

A.立大志　　B.明大德　　C.成大才　　D.担大任

4.大学阶段是人生发展的重要时期,是(　　)形成的关键时期。

A.世界观　　B.职业观　　C.人生观　　D.价值观

5.习近平总书记指出,青年一代的(　　),是一个国家发展活力的重要体现,也是一个国家核心竞争力的重要因素。

A.行为习惯　　B.理想信念　　C.精神状态　　D.综合素质

三、辨析题

1.新时代大学生是民族复兴伟大进程的见证者而不是参与者。

2.法律是成文的道德,道德是内心的法律。

四、论述题

1.新时代大学生如何才能成为担当民族复兴大任的时代新人?

2.怎样理解思想道德素质和法治素养的关系?

五、材料分析题

党史上，那些可爱的青年

没有人永远年轻，却永远有人正年轻。百年党史上，永远不乏风华正茂的年轻人，怀揣一腔热血，投身到革命、建设与改革事业中。他们的青春与热血，铸就了今日之中国。

我们不妨把目光投射到这伟大的岁月中，看看那些可爱的青年人。

习近平总书记指出，100年前，陈望道同志翻译了首个中文全译本《共产党宣言》，为引导大批有志之士树立共产主义远大理想、投身民族解放振兴事业发挥了重要作用。

对革命事业忘我投入的，还有大批青年女性。

1947年，孟良崮战役打得正酣。山东蒙阴县6位20岁左右的女性，张玉梅、伊廷珍、杨桂英、伊淑英、冀贞兰、公方莲，她们出身苦寒，但她们英勇支前，为子弟兵送军粮、做军鞋、看护伤病员，置自己的生命于不顾。陈毅元帅把她们称作"沂蒙六姐妹"。

习近平总书记感慨，在沂蒙这片红色土地上，诞生了无数可歌可泣的英雄儿女，沂蒙六姐妹、沂蒙母亲、沂蒙红嫂的事迹十分感人。

新中国成立后，青年人是生力军。

1954年，北京展览馆工地，北京建工胡耀林等18名团员青年树起了全国第一面青年突击队旗帜。胡耀林青年突击队成立后，原定478个工日才能完成的施工任务，仅用11个月就完成了。巍峨庄严的北京展览馆，至今仍挺立在繁华的西直门商业区，成为新中国建筑史上的一个奇迹。从那时起，"青年突击队"这个响亮的名字从火热的工地走向新中国建设的各行各业。

改革开放年代，青年人是生力军。

陆建新还记得，自己来到深圳那年正好18岁。那年，整个城市还都是矮小的房子。他参与建设了当时的中国第一高楼深圳国贸大厦，160米高。青年人的梦想是建设一座新城市，他陆续参与了多座深圳地标的建设，创下了多项纪录，成为"深圳速度"的见证人。

新时代，青年人是生力军。

近日，第二十五届"中国青年五四奖章"评选揭晓，北京科兴中维生物技术有限公司"克冠行动"工作团队荣获"中国青年五四奖章集体"。由52名青年员工组成的"克冠行动"工作团队与时间赛跑,77天完成疫苗临床前研究获得临床批件,77天完成成人组Ⅰ/Ⅱ期中期揭盲并被纳入紧急使用,为抗疫作出了突出贡献。

一代人有一代人的长征,一代人有一代人的担当。新时代中国青年正在担当起属于自己的时代责任。

(人民网,2021-05-12,有改动)

结合材料回答问题。

1.你如何理解"青年人是生力军"?

2.新时代中国青年的时代责任是什么?应当怎样做时代新人?

参考答案

一、单项选择题

1.B 2.C 3.D 4.C 5.A

二、多项选择题

1.ACD 2.ABCD 3.ABCD 4.ACD 5.BCD

三、辨析题

1.错误。新时代大学生有幸生于这个时代,必将亲眼见证中华民族伟大复兴。大学生是国家宝贵的人才资源,肩负着人民的重托、历史的重托,必将用青春和汗水参与到创造这一伟大奇迹的历史进程中。因此,新时代大学生是民族复兴伟大进程的见证者和参与者,也是中国特色社会主义事业的生力军。新时代为大学生成长成才、勤学报国提供了广阔的空间和无限的机遇,经济建设主战场、文化发展大舞台、社会建设新领域、科技创新最前沿、基层实践大熔炉,都是当代大学生贡献聪明才智、书写青春篇章的热土,中华民族伟大复兴的中国梦终将在一代代青年的接力奋斗中变为现实。

2.正确。一方面,法律和道德有区别:法律是社会公认的、以文字形式固定下来的道德规范。它通过国家权力机构执行,具有强制性和普遍约束力。道德则更多地存在于人们的内心和社会文化中,是社会公认的、约定俗成的行为规范和价值观念。它依靠社会舆论和个人良知来维护,不具有法律上的强制力。另一方面,法律与道德有联系:法律和道德在国家治理中都扮演着重要角色。法律提供外在的强制保障,而道德则通过内在的自律和引导发挥作用。在法治社会中,法律的有效实施依赖于社会成员的道德支持;同时,道德的践行也离不开法律的约束。在法律难以规范的领域,道德可以发挥作用;而在道德无力约束的行为上,法律则提供惩戒。两者相互作用,相互促进,共同维护社会的和谐与稳定。法律是成文的道德,规定了人们行为的底线;而道德则是内心的法律,引导人们向善。两者共同构成了社会秩序的基础。

四、论述题

1.青年兴则国兴,青年强则国强。青年一代有理想、有本领、有担当,国家就有前途,民族就有希望。新时代的大学生朝气蓬勃、好学上进、刚健自信、胸怀天下、担当有为,是可爱、可信、可为的一代,是民族复兴伟大进程的见证者和参与者,也是中国特色社会主义事业的生力军。新时代大学生要成为担当民族复兴大任的时代新人,应从以下方面努力:立大志,就是要有崇高的理想信念,牢记使命,自信自励。崇高的理想信念是人生和事业的灯塔,决定我们的方向和立场,也决定我们的精神状态和实际行动。青年理想远大、信念坚定,是一个国家、一个民族无坚不摧的前进动力。大学生要保持对理想信念的激情和执着,将实现中华民族伟大复兴的中国梦的历史使命内化为担当的自觉,外化为实际的行动,矢志不渝、笃行不怠。明大德,就是要锤炼高尚品格,崇德修身,启润青春。只有把正确的道德认知、自觉的道德养成、积极的道德实践结合贯通,自觉树立和践行社会主义核心价值观,崇德修身,夯基固本,才能让青春的航船劈波斩浪、行稳致远。成大才,就是要有高强的本领才干,勤奋学习,全面发展。大学生应把学习作为首要任务,树立梦想从学习开始、事业靠本领成就的观念,让勤奋学习成为青春远航的动力,让增长本领成为青春搏击的能量。担大任,就是要有天下兴亡、匹夫有责的担当精神,讲求奉献,实干进取。大学生的担当精神体现为奉献祖国、服务人民、尽心尽力、勇于担责。大学生要自觉树立国家意识、民族意识、责任意识,把个人的前途命运与国家、民族的前途命运紧紧联系在一起,在尽责集体、服务社会、奉献国家中实现人生理想和人生价值。

2.思想道德素质是人们的思想观念、政治立场、价值取向、道德情操和行为习惯等方面品质和能力的综合体现,反映着一个人的思想境界和道德风貌,是促进个体健康成长、社会发展进步的重要保障。法治素养是指人们学习法律知识、理解法律本质、运用法治思维、依法维护权利与依法履行义务的品质和能力,对于保障人们尊崇法治、遵守法律具有重要的意义。

思想道德素质和法治素养既有区别又有联系。一方面,思想道德素质和法治素养在个体公民行为中起着不同的作用。思想道德素质是个体行为的基础,它通过教育、家庭、社交等渠道形成,是个体行为准则的重要来源。而法治素养则是个体行为的标准,它通过法律教育、法律知识的学习等途径获得,是个体遵守法律的重要保证。因此,思想道德素质和法治素养是公民行为准则的双重保证。

另一方面,思想道德素质和法治素养之间存在着紧密的联系。思想道德素质是法治素养的基础,因为个体只有具备了良好的道德伦理素养,才能正确地理解和遵守法律。同时,法治素养也是思想道德素质的保障,因为只有通过遵守法律,才能保证个体行为符合社会道德标准。因此,思想道德素质和法治素养是相辅相成的。

大学生成长成才的过程是一个思想道德素质和法治素养不断提升的过程。良好的思想道德素质和法治素养,是新时代大学生把握发展机遇、做好人生规划、书写时代华章的必备条件,需要在学习中养成、自律中锤炼、实践中升华。

五、材料分析题

1.无论在哪个时代,青年不懈追求的梦想始终与振兴中华的责任担当紧密相连。在革命战争年代,青年一代满怀革命理想,为争取民族独立、人民解放冲锋陷阵、抛洒热血;在社会主义革命和建设时期,青年一代响应党的号召,向困难进军,向荒原进军,保卫祖国、建设祖国,在新中国的广阔天地忘我劳动、艰苦创业;在改革开放和社会主义现代化建设新时期,青年一代发出团结起来、振兴中华的时代强音,争当改革先锋,为祖国的繁荣富强开拓奋进、锐意创新;在中国特色社会主义新时代,广大青年接过历史的接力棒,为实现民族复兴的历史宏愿矢志不渝,用青春和汗水创造新的奇迹。

2.新时代中国青年肩负着全面建成社会主义现代化强国、实现中华民族伟大复兴的历史使命。要成为时代新人,青年应当这样做:立大志,就是要有崇高的理想信念,牢记使命,自信自励;明大德,就是要锤炼高尚品格,崇德修身,启润青春;成大才,就是要有高强的本领才干,勤奋学习,全面发展;担大任,就是要有天下兴亡、匹夫有责的担当精神,讲求奉献,实干进取。

第一章

领悟人生真谛
把握人生方向

第一部分 教案设计

教学目标

通过本章的学习,学生掌握马克思主义关于人的本质和人生观的基本理论,正确认识人的本质、个人与社会的辩证关系,科学认识人生观的主要内容,理解人生观与世界观、价值观的辩证关系。确立高尚的人生追求,正确评价人生价值,保持积极进取的人生态度,结合个人实际和社会现实,为实现人生价值创造良好条件。辩证对待人生矛盾,树立正确的得失观、苦乐观、顺逆观、生死观和荣辱观,反对错误人生观,与历史同向、与祖国同行、与人民同在,在为中华民族伟大复兴贡献力量的实践中,砥砺奋斗、锤炼品格,成就出彩人生。

教学重点

1. 马克思主义关于人的本质的认识。
2. 人生观的主要内容。
3. 高尚的人生追求。
4. 成就出彩人生。

教学难点

1. 个人与社会的辩证关系。
2. 辩证对待人生矛盾。
3. 正确评价人生价值。

教学准备

教案、课件、视频资料、多媒体教室、网络学习平台、实践基地等。

在网络学习平台上提前准备好互动资料和课后习题。

在网络学习平台上准备实践环节:辩论——服务人民、奉献社会的人生追求过时了吗?

教学方法

讲授法、案例教学法、课堂讨论法、问题设计法等。

教学课时

第一节2学时,第二节2学时,第三节2学时,共6学时。

教学过程

第一节 人生观是对人生的总看法

◎ 课程导入:

散文鉴赏:《生命列车》(学生朗诵)。

提问:怎样才能不虚度人生?怎样才能创造无愧于时代的人生?

根据学生回答的情况,教师进行总结,引入新课。

◎ 课程内容:

一、正确认识人的本质

思考人生,树立正确的人生观,首先需要对"人是什么"和"人的本质是什么"等问题有科学的认识。正确理解人的本质问题,是科学理解人生观一切问题的前提,也是抵制错误人生观消极影响的基础。

拓展:历史上关于"人是什么"的代表性观点。

(一)马克思主义关于人的本质的认识

马克思运用辩证唯物主义和历史唯物主义的立场、观点、方法,揭开了人的本质之谜。他指出:"人的本质不是单个人所固有的抽象物,在其现实性上,它是一切社会关系的总和。"

举例分析马克思关于人的本质的论断。

社会属性是人的本质属性。人们正是在这种客观的、不断变化的社会关系中塑造自我,成为真正现实的、具有个性特征的人。正是在一定的社会历史条件下,人们面对各种各样的境遇,在客观的不断变化的社会关系中实践人生,通过现实的生活逐渐地感悟人生,形成了相应的人生观。

(二)个人与社会的辩证关系

结合《鲁滨逊漂流记》中鲁滨逊的岛上生活,解答学生疑问,厘清人与社会的关系,并在此基础上进一步阐释个人与社会的关系,最根本的是个人利益与社会利益的关系。

个人与社会的关系问题是认识和处理人生问题的重要着眼点和出发点。

1. 个人与社会是对立统一的关系,两者相互依存、相互制约、相互促进。
2. 个人与社会的关系,最根本的是个人利益与社会利益的关系。

在社会主义社会中,个人利益与社会利益在根本上是一致的。社会利益离不开个人利益,个人利益也离不开社会利益。人的社会性决定了人只有在推动社会进步的过程中,才能实现自我的发展。

大学生应把自己的人生追求同社会的发展进步紧密结合起来,在为社会作贡献的过程中成长进步,实现自己的人生价值。

二、人生观的主要内容

首先阐明人生目的、人生态度和人生价值各自回答的问题,进而结合案例分别阐明人生目的、人生态度和人生价值的内容及意义。

(一)人生目的:回答人为什么活着

人生目的是人们在社会实践中关于自身行为的根本指向和人生追求。人生目的是对人为什么活着这一人生根本问题的认识和回答,是人生观的核心。

1. 人生目的决定人生道路。
2. 人生目的决定人生态度。
3. 人生目的决定人生价值选择。

(二)人生态度:回答人应当如何活着

人生态度是指人们通过生活实践形成的对人生问题的一种相对稳定的心理倾向和精神状态。

(三)人生价值:回答什么样的人生才有价值

人生价值是指人的生命及其实践活动对社会和个人所具有的作用和意义。人生价值内在地包含了人生的自我价值和社会价值两个方面。

1. 人生的自我价值,是个体的人生活动对自己的生存和发展所具有的价值,主要表现为对自身物质和精神需要的满足程度。

2. 人生的社会价值,是个体的实践活动对社会、他人所具有的价值。

3. 人生的自我价值和社会价值,既相互区别,又密切联系、相互依存。

(四)人生目的、人生态度、人生价值的关系

讨论"怎样理解人生目的、人生态度、人生价值三者之间的关系",解答人生目的、人生态度、人生价值三者之间的辩证统一关系。

三者相互影响、紧密关联。其中,人生目的决定着人们对待实际生活的态度和对人生价值的评判,人生态度影响着人们对人生目的的持守和人生价值的实现,人生价值制约着人们对人生目的和人生态度的选择。

三、人生观与世界观、价值观

以张桂梅做"峡谷里的灯盏"为党育人、为国育才的案例,说明价值观与人生观的关系。

(一)世界观与人生观

世界观是人们对生活在其中的世界以及人与世界的关系的总体看法和根本观点。

世界观决定人生观,有什么样的世界观,就会有什么样的人生观。同时,人生观又对世界观的巩固、发展和变化起着重要作用。

(二)价值观与人生观

价值观是人们关于价值的根本观点,为人们在社会生活中判断善恶、美丑、福祸、荣辱、利害提供基本准则。

价值观对人生观的形成和发展有重要的引导作用。一个人树立什么样的价值观,会直接影响他对人生目的、人生意义等问题的思考,左右他对人生道路

的选择,影响他的人生态度。

马克思主义站在人民的立场探求人类自由解放的道路,坚持一切以人民为中心的价值追求,以实现最广大人民群众的根本利益为价值导向。

◎课程小结:

人的本质不是单个人所固有的抽象物,在其现实性上,它是一切社会关系的总和。大学生要正确看待和处理个人与社会的辩证关系。人生观的主要内容包括对人生目的、人生态度和人生价值等问题的根本看法。人生目的回答人为什么活着,人生态度回答人应当如何活着,人生价值回答什么样的人生才有价值。这三个方面相互联系、相辅相成,是一个有机整体。世界观决定人生观,有什么样的世界观,就会有什么样的人生观。同时,人生观又对世界观的巩固、发展和变化起着重要作用。价值观对人生观的形成和发展有重要的引导作用。一个人树立什么样的价值观,会直接影响他对人生目的、人生意义等问题的思考,左右他对人生道路的选择,影响他的人生态度。大学生应在掌握人生观基本理论的基础上,规划好自己的人生之路。

第二节 正确的人生观

◎课程导入:

播放视频:《初心与使命 4位百岁"七一勋章"获得者的故事》。
通过学习通发布问题:4位百岁老人的人生追求给了你怎样的启发?
总结:"七一勋章"获得者中的4位百岁老人的故事启示我们,为国家尊严、人民幸福艰苦奋斗、牺牲奉献的伟大品格跨越时空,历久弥新。一个人确立了服务人民、奉献社会的人生追求,才能清楚地把握人生的奋斗目标。

◎课程内容:

一、高尚的人生追求

(一)马克思主义认为,高尚的人生目的总是与奋斗奉献联系在一起

大学生只有把自己的人生目的与国家前途、民族命运、人民幸福联系在一起,才能自觉自愿地把自己的一生奉献于利国利民的事业。

(二)服务人民、奉献社会代表了人类社会迄今最先进的人生追求

(教材案例:白求恩精神)

1.一个人确立了服务人民、奉献社会的人生追求,才能清楚地把握人生的奋斗目标,深刻理解人为了什么而活、应走什么样的人生之路等道理。

2.一个人确立了服务人民、奉献社会的人生追求,才能以正确的人生态度对待人生、解决实际生活中的各种问题,以人民利益为重,始终对祖国和人民怀有高度的责任感,在服务人民、奉献社会中实现自己的人生价值。

3.一个人确立了服务人民、奉献社会的人生追求,才能掌握正确的人生价值标准,才能懂得人生的价值首先在于奉献,自觉用真善美来塑造自己,不断培养高洁的操行和纯朴的情感,努力使自己成为一个高尚的人。

辨析:服务人民、奉献社会的人生追求过时了吗?

在现实生活中有人提出这样的疑惑:社会主义市场经济条件下,讲究的是按劳分配、等价交换,在这种背景下倡导服务人民、奉献社会的人生追求是否合适? 换言之,服务人民、奉献社会的人生追求是否过时了?

1.社会主义市场经济鼓励人们追求个人的正当利益,因为只有各市场主体的正当利益得到满足,经济才更有活力。

2.各市场主体正当利益的满足,不仅有赖于其他人的劳动和付出,而且需要公平有序的市场环境。

3.只有每个个体尽心尽力地为他人、为社会付出应有劳动,才能保证社会主义市场经济的良好运行,个体也才能在为社会发展进步作贡献的同时满足自身利益。

因此,服务人民、奉献社会的人生追求与社会主义市场经济并不矛盾、并未过时。

课堂讨论:作为新时代的大学生要怎样在自己的工作岗位上践行"服务人民、奉献社会"的人生追求。

二、积极进取的人生态度

播放视频:《如何活出有态度的青春? 有梦一生追,白首仍少年!》。

小组分享观看视频的收获:如何活出有态度的青春?

1. 人生须认真。
2. 人生当务实。
3. 人生应乐观。
4. 人生要进取。

课堂讨论:当代青年能否选择"躺平"?

三、人生价值的评价与实现

案例:翻开黄文秀的入党申请书,其中写道,"一个人要活得有意义,生存得有价值,就不能光为自己而活,要用自己的力量为他人、为国家、为民族、为社会作出贡献"。

播放视频:《黄文秀:把青春献给扶贫,用生命诠释初心,致敬时代楷模黄文秀》。

课堂互动:请结合黄文秀的故事谈谈你对人生价值评价方法的理解。

结合案例,首先,引导学生思考人生价值的评价标准,并阐述评价人生价值的方法。其次,引导学生正确把握人生价值实现的条件。

(一)正确评价人生价值

1. 评价人生价值的根本尺度,是看一个人的实践活动是否符合社会发展的客观规律,是否促进了历史的进步。

衡量人生价值的标准:最重要的就是看一个人是否用自己的劳动和聪明才智为国家和社会真诚奉献,为人民群众尽心尽力服务。

2. 评价人生价值的恰当方法。

(1)既要看贡献的大小,也要看尽力的程度。

评价一个人的人生有无价值或价值大小,最根本的是看他对社会是否作出贡献及贡献大小。

播放视频《客车司机被飞来铁块击中 忍痛停车救24名乘客》,让学生进一步加深对人生价值评价的理解。

(2)既要尊重物质贡献,也要尊重精神贡献。

在对人生价值进行评价的时候,应兼顾精神和物质两个方面。只从精神或物质贡献的角度来评价人生价值,都是不全面的。人的生产劳动是物质生产劳动和精神生产劳动的统一,一定条件下,两种生产劳动成果可以相互转化。社会的发展与进步是物质文明和精神文明的共同发展与进步。评价人生价值,既要看一个人对社会作出的物质贡献,也要看他对社会作出的精神贡献。

马斯洛需要层次理论揭示了人的低层次的需要是生理和安全的需要,而层次越高越强调精神的满足。

提问:同学们很想拥有某个物品吗?

在同学们热烈回应之后追问:当你们真正拥有这个东西以后,你们的感觉是怎样的?

学生回答:不过如此。

由此分析:人对物质的需要永无止境,只有精神上的满足,才会让人真正觉得幸福和满足。所以不能只强调物质价值而忽略精神价值。

案例:《大学生救人溺死真相被隐瞒 当反面教材4个月》。

(3)既要注重社会贡献,也要注重自身完善。

评价人生价值时,既要看他对社会的贡献大小,也要看他自身完善的程度。

(二)人生价值的实现条件

通过学习通发布:以中国航天事业发展中航天员的人生价值的实现为例,请同学们谈谈对人生价值实现的条件的理解。

总结并讲授:

1.实现人生价值要从社会客观条件出发。

2.实现人生价值要从个体自身条件出发。

3.不断增强实现人生价值的能力和本领。

2019年4月30日,习近平在纪念五四运动100周年大会上的讲话中指出:

"青年是苦练本领、增长才干的黄金时期。'青春虚度无所成,白首衔悲亦何及。'""不论是成就自己的人生理想,还是担当时代的神圣使命,青年都要珍惜韶华、不负青春,努力学习掌握科学知识,提高内在素质,锤炼过硬本领,使自己的思维视野、思想观念、认识水平跟上越来越快的时代发展。"

提问：你认为当今中国的时代背景为大学生实现人生价值提供了哪些条件？

◎ 课程小结：

高尚的人生目的总是与奋斗奉献联系在一起。服务人民、奉献社会的思想以其科学而高尚的品质，代表了人类社会迄今最先进的人生追求。大学生只有把自己的人生目的与国家前途、民族命运、人民幸福联系在一起，才能自觉自愿地把自己的一生奉献于利国利民的事业。大学生应保持积极进取的人生态度：一是人生须认真，二是人生当务实，三是人生应乐观，四是人生要进取。评价人生价值的根本尺度，是看一个人的实践活动是否符合社会发展的客观规律，是否促进了历史的进步。既要看贡献的大小，也要看尽力的程度；既要尊重物质贡献，也要尊重精神贡献；既要注重社会贡献，也要注重自身完善。实现人生价值既要从社会客观条件出发，也要从个体自身条件出发，还要不断增强实现人生价值的能力和本领。

第三节　创造有意义的人生

◎ 课程导入：

1980年，《中国青年》杂志、《中国青年报》相继刊发"潘晓来信"，引发轰动全国的"人生观大讨论"，关注和参与这场讨论的青年数以千万计。1980年5月，《中国青年》杂志收到一封署名"潘晓"的读者来信——《潘晓：人生的路呵，怎么越走越窄》。信中这样写道："有人说，时代在前进，可我触不到它有力的臂膀；也有人说，世上有一种宽广的、伟大的事业，可我不知道它在哪。人生的路呵，怎么越走越窄。"

《中国青年》杂志与《中国青年报》相继推出报道，首次提出"主观为自己，客观为别人"的伦理命题，引发了持续半年多的全国范围内的"潘晓讨论——人为什么要活着"的辩论，被称为"整整一代中国青年的精神初恋"。

一代青年对现实、人生、价值观的思考，使其成为改革开放初期中国社会思想解放大潮的一个标志性事件。

相比之下,现今青年的问题发生了变化:为何人们相较于"生存、生产",更关注"生活、发展"?为何一个古老而永恒的关于"伟大"、"生命"和"美"的话题,能引发越来越多年轻人的思考和共鸣?责任与担当会让人的生活更有意义吗?

2018年,"潘晓讨论"38周年,改革开放迎来40周年,中国社会步入新时代。《中国青年报》《中国青年》杂志共同发起"强国一代,路如何越走越宽——人如何活得更加美好"的大讨论。

课堂互动:"如何活得更加美好"?生命的意义在哪里?请同学们发表自己的观点。

◎ 课程内容:

一、辩证对待人生矛盾

大学生的人生成长之路还很长,未来前进途中,有平川也有高山,有缓流也有险滩,有丽日也有风雨。大学生要科学认识实际生活中的各种问题,勇敢面对和正确处理各种人生矛盾。

(一)正确看待得与失

正确认识得与失的辩证关系,在人生的不同阶段和情境中,得与失可能不断转化和变化,如一个人的失去可能成为另一个人的得到。它们在不同的情境和人生阶段中以不同的方式相互影响和转化。理解这一点有助于我们以更加平和和积极的心态面对生活中的得与失。

以在校学生为获取奖学金在成绩评定过程中的行为为例进行讲解,引导学生认识到:

1. 不要过于看重一时的"得"。
2. 不要惧怕或斤斤计较一时的"失"。
3. 要跳出对个人得失的计较。

(二)正确看待苦与乐

以革命乐观主义精神为例,苦与乐并不是人生的全部,它们只是人生的一部分。人生的意义不仅仅在于追求物质和金钱的满足,更在于追求精神的满足和自我价值的实现。因此,我们应该注重精神上的快乐和成长,而不是仅仅追求物质上的快乐和成功。

1.苦与乐既对立又统一,在一定条件下还可以相互转化。

革命者所经历的苦难是暂时的,是为了实现理想和目标而必须付出的代价。而乐则是苦难之后的成果,是奋斗和牺牲的回报。

2.真正的快乐往往由奋斗的艰苦转化而来。

比如,革命乐观主义精神不是盲目乐观,而是建立在对社会发展规律和前途远见卓识的基础上,是对实现奋斗目标的必胜信念以及积极乐观的人生态度。它强调的是对未来的信心和希望,而不是对现实的逃避或忽视。

革命乐观主义精神强调人的主观能动性,认为人可以通过自己的努力和奋斗改变自己的命运,实现自己的理想。因此,在面对苦难时,我们应该坚定信念,积极面对,努力克服困难,争取更好的未来。

同学们要学习革命乐观主义精神,从革命乐观主义精神中正确看待苦与乐,认识到苦与乐的相对性和相互依存性,坚定信念,积极面对困难,注重精神上的成长和自我价值的实现。只有这样,我们才能真正地享受人生的快乐,实现自己的理想和目标。

(三)正确看待顺与逆

1.顺境的利与弊。

顺境和逆境是人生历程中两种不同的境遇。顺境乃是天时、地利、人和,在顺境中前进,天时、地利、人和等有利因素,使人们更容易接近和实现目标。但是,顺境中的宽松气氛、优越条件,又容易使人滋生骄娇二气,自满自足,意志衰退。

2.逆境的利与弊。

身处逆境,犹如逆水行舟,不进则退。在逆境中奋斗,需要付出更大的努力和更多的艰辛才可能成功,但也会有顺境中难以得到的获得感和成就感。逆境的恶劣环境,对于挑战者而言,可以磨炼意志、陶冶品格、积累战胜困难的经验、丰富人生阅历。

正如老子所说:"祸兮福之所倚,福兮祸之所伏。"培根指出:"一切幸运并非没有烦恼,而一切厄运也并非没有希望。"在人生旅途中没有永远的顺境,也没有永远的逆境。因此,无论是顺境还是逆境,对人生的作用都可能是双面的,关键是怎样去认识和对待它们。

3.善于利用顺境,勇于正视逆境、战胜逆境,实现人生价值。

课堂互动:结合名言警句、俗语或人物故事,讨论顺境更有利于成长成才,还是逆境更有利于成长成才?请列举一些逆境中成才的例子或者顺境与逆境转化的例子加以说明。

(四)正确看待生与死

既然人都是要死的,为何还要活着?如何认识死亡?如何面对死亡?

有生必有死,这是恒常不变的自然现象。生命短促而无常,才更体现出人生观的重要意义。人的生命只有投入到实现社会价值的过程之中,才能发掘出生命所蕴藏的巨大潜能。

案例:长江大学三位学生见义勇为舍己救人的故事。

讨论:如何评价长江大学见义勇为大学生英雄集体舍己救人的行为?

请同学们分组讨论10分钟,并请各组代表陈述小组观点。

学生发言。

学生发言主要有两大类观点:一是认为长江大学学生的救人行为过于冒失,救人的成本过高,没有多大价值;二是认为长江大学学生的行为折射了人性的光辉,反映了当代大学生舍己救人的精神风貌,它的价值是无限的。

教师评析:同学们的观点从不同角度出发,都有其合理性。从救人的安全意识角度看,"要救别人首先得懂得保护自己",不能盲目施救。但正义的救人行为的发生通常都是在"情急之下",在特殊的情势中,人性内在的为善动机激发了善的行为,哪怕是死亡,也勇于直面。从这个意义上讲,长江大学学生舍己救人的行为是无比高尚的,是值得肯定和颂扬的,是生命意义的绚丽绽放。

引导学生明白:

1.生老病死是自然现象。

2.牢固树立生命可贵、敬畏生命的意识,倍加爱惜自己和他人的生命,理性面对生老病死等自然现象,努力使自己的生命绽放出人生的光彩。

3.要有为了崇高目标而勇于奉献、敢于牺牲的精神。

(五)正确看待荣与辱

中国古人向来注重荣与辱,并通过"知耻"来进行道德评价和判断。比如,孔子提出"知耻近乎勇",孟子认为"无羞恶之心,非人也",管仲强调"礼义廉耻,国之四维"。同学们要知道:

1."荣"即荣誉,是指社会对个人履行社会义务所给予的褒扬与赞许,以及个人所产生的自我肯定性心理体验。

2."辱"即耻辱,是指社会对个人不履行社会义务所给予的贬斥与谴责,以及个人所产生的自我否定性心理体验。

3.树立和践行正确的荣辱观。

荣辱观是人们对荣辱问题的根本看法和态度,是一定社会思想道德原则、规范的体现和表达。

二、反对错误人生观

PPT呈现电视剧《欢乐颂》或者电影《小时代》的图片。

提问:电视剧《欢乐颂》或者电影《小时代》中有哪些错误的人生观?应如何看待?

是非明,方向清,路子正,人们付出的辛劳才能结出果实,人生实践才能产生积极正面的价值和意义。

(一)反对拜金主义

1.拜金主义是一种认为金钱可以主宰一切,把追求金钱作为人生至高目的的思想观念。表现为金钱至上的各种各样的观念和行为。

2.拜金主义的本质:强调金钱至上,认为金钱可以主宰一切,把追求金钱作为人生的至高目的。

3.拜金主义的危害:拜金主义盛行可能导致人际关系被物化,人们倾向于将对方的经济地位看作评价其价值的标准,而忽略了其他方面的品质和人格等等。拜金主义是引发钱权交易、行贿受贿、贪赃枉法等丑恶现象的重要思想根源。

电影《小时代》,提倡的就是崇拜物质与金钱的一种价值导向。人民日报批评道:"如果仅仅停留在物质创造和物质拥有的层面,把物质本身作为人生追逐的目标,奉消费主义为圭臬,是'小'了时代,窄了格局,矮了思想。"

(二)反对享乐主义

1.享乐主义是一种把享乐作为人生目的,主张人生就在于满足感官的需求与快乐的思想观念。比如大学生沉湎于物欲享受,在物质条件上盲目攀比,逃避艰辛的学业,不顾父母的承受能力一味向父母索取等行为。

2.享乐主义的本质:把享乐尤其是感官的享乐变成人生的唯一目的,作为一种"主义"去诠释人生的根本意义,是对人的需要的一种错误理解。

3.享乐主义的危害:享乐主义有可能带来不良风气,比如浪费财富、懈怠精神、消沉意志、腐化干部、腐蚀政治、脱离群众、败坏风气等。

课堂互动:消费越多,人生就越幸福吗?

(三)反对极端个人主义

1.个人主义是以个人利益为出发点和归宿的一种思想体系和道德原则。

2.极端个人主义的本质:极端个人主义的本质是主张个人本身就是目的,具有最高价值,社会和他人只是达到个人目的的手段。

3.极端个人主义的危害:极端个人主义可能导致人的精神滑坡、权力滥用、纪律松散等。

(四)反对错误人生观,树立正确人生观

综上所述,拜金主义、享乐主义、极端个人主义给个人和社会都带来了极大的危害。大学生应当顺应时代潮流,在科学理论的指导下,认清拜金主义、享乐主义、极端个人主义等错误思想和腐朽观念的实质,选择并追求高尚的人生目的,在服务人民、奉献社会的人生实践中完善自我,创造人生的美好价值。

三、成就出彩人生

(一)与历史同向

当代青年是同新时代共同前进的一代。我们面临的新时代,既是近代以来

中华民族发展的最好时代,也是实现中华民族伟大复兴的最关键时代。广大青年既拥有广阔发展空间,也承载着伟大时代使命。青年是国家的希望、民族的未来。衷心希望每一个青年都成为社会主义建设者和接班人,不辱时代使命,不负人民期望。对广大青年来说,这是最大的人生际遇,也是最大的人生考验。

当代大学生要正确认识世界和中国的发展大势,尊重并顺应历史的选择和人民的选择,增强历史自觉,坚定历史自信,与历史同步伐,与时代共命运。

(二)与祖国同行

同学们,我们对时代和民族是负有责任的。在推进中华民族伟大复兴的历史进程中,非常需要像你们这样德才兼备的人才,我们应当如一朵浪花汇入这推动历史进步的潮流,如一颗星星融入璀璨星河,闪耀我们的民族复兴之路,这样的选择,将非常值得,非常幸福,不负青春,不虚此生。

(三)与人民同在

人民群众是历史的创造者,是国家的主人。青年应时刻以人民为中心,为人民服务,为人民谋幸福。

教材中杜富国为救战友身负重伤,失去双手和双眼的案例,说明了当代青年的英勇,也是他正确人生观的体现。

(四)在实践中创造有价值的人生

青年应在实践中不断探索,不断学习,不断提升自我,创造有价值的人生。

◎课程小结:

大学生要勇敢面对和正确处理得与失、苦与乐、顺与逆、生与死、荣与辱等矛盾,在人生历练中成长,履好人生之责,走好人生之路。拜金主义、享乐主义、极端个人主义等错误的人生观,没有正确把握个人与社会的辩证关系,忽视或否认社会性是人的存在和活动的本质属性,对人的需要的理解极端、狭隘和片面,其出发点和落脚点都是一己之私利。大学生要学会思考、善于分析、正确抉择,认清拜金主义、享乐主义和极端个人主义等错误思想观念的实质,警惕和自觉抵制它们的侵蚀。新时代的大学生应当与历史同向、与祖国同行、与人民同在,砥砺奋斗、锤炼品格,释放火热青春的奋斗激情,创造美好生活,彰显有志青年的人生价值,在服务人民、奉献社会的实践中成就出彩人生。

◎ **总结提高:**

通过理论讲授,运用鲜活的案例讲解、问题情境的创设、课后实践等方法,充分发挥了在教学过程中教师"教"的主导作用和学生"学"的主体作用。教学案例丰富、形式多样、内容新颖,既有传统文字案例,又结合了音频、视频、图片,贴合学生需求实际,能够激发学生学习兴趣,促进学生积极思考问题和表达观点。习题测试有助于培养学生运用马克思主义人生观理论分析现实人生问题的能力,学习通等平台的运用提高了学生学习效率和教学效果。在教学过程中,发现多数学生对马克思主义人生观的认识不足,他们虽然有自己的独立见解,但运用马克思主义的立场观点和方法解决人生问题还存在一定的困难。对此,教师要加强课前课后的针对性指导,提高课堂教学师生互动质量,帮助学生不断提高运用马克思主义人生观分析和解决人生问题的能力。

第二部分 案例分析

案例一

案例呈现

告别"躺平生",不做"迷茫人"

李某(化名),某高职院校2020级电子商务专业学生,入学后积极参与学校和院系学生文体活动,获得不少奖项。但李某对专业学习缺乏兴趣,大二专业成绩排名倒数,对学生活动也失去激情,经常宣扬看破一切。他有时想创业、有时想找工作、有时打算专升本,表现出焦躁不安的情绪,生活、工作、学习和人际交往一团糟,在同学中宣称自己已经"躺平"。经辅导员谈话了解,李某当年曾考上二本线,因为喜欢电子商务专业,所以填报了高职院校。进校前想通过职业教育学到真本事,毕业后投身电子商务行业。学习两年后,李某开始认为高职院校就业远不如本科,就算找得到工作也是低收入的体力活。自己参加学校各类学生活动对找工作无用,身边同学有的已经在准备专升本了,但自己曾经考上本科却没去而选择了高职,这种复杂的心理让他不知道怎么办,既担心参加专升本考试后读本科被家人说,又怕考不上专升本又耽误了找工作,在这种错综复杂的心理驱动下,李某迷茫了。

(王开东.搜狐网,2023-05-17.有改动)

思考讨论

1.李某为什么宣称自己"躺平"?
2.如何才能让李某走出迷茫,不再"躺平"?

案例点评

1.李某缺乏有效的职业生涯规划,所以无法坚定实施并适时反思调整。对专业缺乏学习兴趣,大二专业成绩排名倒数,学习压力大。对学生活动失去激情,认为参加活动对找工作无用。对职业教育存在误解,认为就业或升学压力大。生活、工作、学习和人际交往一团糟,情绪焦躁不安。

2.李某陷入迷茫的关键在于他陷入了自我怀疑和否定的误区,人不能自暴自弃地全盘自我否定或是冲动地作出决定。对过去取得的成绩应予以肯定,但高考后的选择已经成为过去不可更改,要正确面对现实。应用身边的典型例子予以激励,纠正李某对职业教育的认知偏差。加强家校沟通,发挥朋辈作用,为其营造健康向上的学习和生活氛围,引导其重塑自信。鼓励其考取本专业职业资格技能证书,成为社会所需、行业所用的高技能专业人才。促使其客观分析当前就业与升学形势,积极把握就业机会或者复习备考专升本。为他的成长喝彩。

使用建议

建议在讲授第三节的教学难点"辩证对待人生矛盾"时使用该案例。

案例二

案例呈现

青增泰:扎根一线坚守初心 技以载道淬炼匠心

2010年,青增泰从重庆工业职业技术学院毕业后来到重庆川仪自动化股份有限公司,成为四联测控制造二部生产线上的一名调试工。初入厂时,面对单调的产线工作,曾经踌躇满志的青增泰产生了深深的怀疑,但他很快调整了心态,下定决心一定要把重复枯燥的工作做到极致。出身机电一体化专业的青增泰,对产品质量、进度、合格率总是严格要求,很多同事开玩笑地说,经他检查调试的产品都能成为"免检产品"。在市人社局、企业的组织推荐下,青增泰多次参加技能培训和技能竞赛,不断磨砺技能水平。提高产品品质最终要靠创新,而青增泰在这种"拨开云雾见晴天"的过程中,也找到了真正的快乐和自信。

2017年,为了实现产品提质增效,公司开始投入人力、物力至自动灌胶机的自主研发改造中。但由于缺乏经验,项目进展十分缓慢。得知消息后,青增泰主动向研发团队负责人提出自己的想法,并进行自主摸索和尝试。研制一台高精度自动灌胶机,需要统筹规划电器线路、PLC控制软件等多个环节,为了精通编程,青增泰还利用周末回大学请教老师。经过近半年的不懈努力,终于自主完成整个设备的设计改造,实现了新的技术突破。

作为"青增泰仪表调校工市级技能大师工作室"牵头人,青增泰立足岗位需求,带领团队扎实开展创新创效。近年来,先后完成多个应用型创新设备项目,为企业节约生产成本达300余万元。2020年,随着产能扩充和产量增加,智能压力变送器主板温度补偿工序环节遭遇生产瓶颈。为打通生产"堵点",青增泰临危受命,经过夜以继日的攻坚克难,短短6个月,便使单台温度补偿装置的日产量翻了一番,生产效率提升100%。

一枝独放不是春,百花齐放春满园。青增泰以工作室为平台,积极发挥"传帮带"的作用,通过师徒结对子方式,言传身教地带动身边的每一位员工。工作室自创立以来,对生产一线产业工人进行生产技能培训1200余人次,并于2021年成功创建为国家级技能大师工作室。如今,工作室成为公司孵化培育产业技能人才的基地,不断涌现各种创新成果,为中国仪器仪表行业"智能制造"贡献青春力量。

2022年12月,在市人社局的组织推荐下,青增泰从众多候选人中脱颖而出,获"全国技术能手"殊荣。回望12年时光,青增泰从生产线上的一名普通产品调试工成长为"全国技术能手",这背后,除了青增泰对技能十年如一日的执着追求,更离不开组织的关怀培养。

新时代是重视技能、崇尚技能的时代。未来,青增泰将继续秉持"匠心筑梦,技能报国"的信念,扎根生产一线,勤学苦练、深入钻研、担当奉献、追求卓越,在精进自动化仪表制造中淬炼成才,并以技能大师工作室为主阵地,为组织培养更多人才,带动身边的人一起成长。

青增泰,现任重庆四联测控技术有限公司控制仪表研究室副主任,主要荣誉包括:全国技术能手、全国机械工业百名工匠、重庆市劳动模范、重庆英才技术技能领军人才、重庆市技术能手;国家级技能大师工作室、重庆市劳模创新工作室领办人;优化生产制造工艺改进成果50余项、自主设计研发设备获2项国家专利。

("新重庆·星工匠"重庆技能人才先进事迹线上报告会⑥|青增泰:扎根一线坚守初心 技以载道淬炼匠心.《重庆日报》,2023-07-15,有改动)

思考讨论

1.青增泰对待人生的态度是怎样的？对我们有何启示？
2.在评价一个人的人生价值时,我们要注意哪些方面？

案例点评

1.青增泰对待人生的态度是积极进取的,他的事迹给我们的启示是人生须认真、人生当务实、人生应乐观、人生要进取。

2.评价人生价值的根本尺度是看一个人的实践活动是否符合社会发展的客观规律,是否促进了历史的进步。在今天,衡量人生价值的标准,最重要的就是看一个人是否用自己的劳动和聪明才智为国家和社会真诚奉献,为人民群众尽心尽力服务。客观、公正、准确地评价社会成员人生价值的大小,除了要掌握科学的标准外,还需要掌握恰当的评价方法。

既要看贡献的大小,也要看尽力的程度。任何人不论从事何种劳动,只要在自己的岗位上尽职尽责、兢兢业业,积极为社会进步作贡献,就应该对他的人生价值给予积极肯定的评价。

既要尊重物质贡献,也要尊重精神贡献。在我们社会主义国家,一切劳动,无论是体力劳动还是脑力劳动,都值得尊重和鼓励。评价人生价值,既要看一个人对社会作出的物质贡献,也要看他对社会作出的精神贡献。

既要注重社会贡献,也要注重自身完善。人生的社会价值是实现人生自我价值的基础,评价人生价值的大小应主要看一个人对社会所作的贡献,但这并不意味着要否认人生的自我价值。推动和实现人的全面发展是社会发展的根本目标,人的全面发展和素质提升离不开人的自我完善。人生自我完善的过程,既是人生自我价值实现的过程,也是为社会创造价值的过程。因此,衡量人生价值,既要看他对社会贡献的大小,也要看他自身完善的程度。

使用建议

建议在讲授第二节重点问题"高尚的人生追求"和第三节难点问题"正确评价人生价值"时使用。

第三部分 实践环节

实践目的

通过课堂小辩论,学生对服务人民、奉献社会的人生追求是否过时,有更加清晰正确的认识。明确只有确立服务人民、奉献社会的人生追求,才能以正确的人生态度对待人生,解决实际生活中的各种问题。

活动设计

1. 班级学生分为两个小组,确定辩题的正反方。
2. 小组分工,各自完成相关材料(理论、事例)的搜集。
3. 小组整合资源,共同归纳论据。
4. 双方各推选四位辩手,资源共享。
5. 辩手根据材料,准备各自的发言内容。
6. 双方各自进行对辩练习,发现疏漏,及时完善。

注意事项

1. 评价学生积极参与的态度和参与的过程。特别关注性格内向、不爱说话却参与了活动的同学,即使他们表现得并不活跃,也应给予充分的肯定和鼓励。
2. 评价学生在活动过程中的思维方式和思维特点。有的学生分析问题追求深刻,有的分析问题倾向全面,有的分析问题热衷新颖独特,有的分析问题讲究辩证……不同的个性特点都应予以保护,尤其要对那些新颖独特的思维方式给予理解和尊重,但要防止学生认识问题过于偏激,思考问题走入极端。
3. 评价学生在讨论、辩论过程中表现出的文明修养,这是交际素质的一个重要方面。
4. 鼓励学生进行自我评价和相互评价。

第四部分 课后练习

一、单项选择题

1."人的本质不是单个人所固有的抽象物,在其现实性上,它是一切社会关系的总和。"这句话说明( )。

A.自然属性是人的本质属性

B.社会属性是人的本质属性

C.自然属性和社会属性都是人的本质属性

D.自然属性和社会属性都不是人的本质属性

2.对人的认识,核心在于认识( )。

A.人的本质　　B.人的属性　　C.自然属性　　D.社会关系

3.关于人生观与世界观的关系,以下说法错误的是( )。

A.人生观是世界观在对待人生问题上的具体体现

B.正确的人生观是正确世界观的基础

C.人生观对世界观的巩固、发展和变化起着重要的作用

D.有什么样的世界观,就有什么样的人生观

4.人生观主要内容的三个方面相互联系、相辅相成,其中,人生观的核心是( )。

A.人生目的　　B.人生态度　　C.人生价值　　D.人生信仰

5.在人生旅途中,有的人旗开得胜,有的人屡屡败北,有的人顺顺当当,有的人一波三折,即使同一个人,在一生中也往往有顺境和逆境。对于逆境,正确的人生态度是( )。

A.躺平佛系,顺其自然　　　　B.大胆正视,积极应对

C.怨天尤人,自暴自弃　　　　D.玩世不恭,虚度光阴

6.在人类历史长河中涌现过形形色色的人生观,但对于当代大学生来说,值得终身践行的科学而高尚的人生观是( )。

A.享乐主义的人生观　　　　B.拜金主义的人生观

C.极端个人主义的人生观　　　D.为人民服务的人生观

7.(　　)是指生活在一定历史条件下的人,对"人为什么活着"这一人生根本问题的认识和回答。

A.人生目的　　　　　　B.人生态度

C.人生价值　　　　　　D.人生准则

8.每年有数万名大学毕业生放弃在大城市工作的机会,报名参加志愿服务"西部计划"和"三支一扶"计划,服务西部、扎根基层。这说明人生的价值首先在于(　　)。

A.奉献　　　B.索取　　　C.存在　　　D.享受

9.(　　)是指人的生命及其实践活动对于社会和个人所具有的作用和意义。

A.人生观　　　B.人生目的　　　C.人生态度　　　D.人生价值

10.(　　)是个体的人生活动对社会、他人所具有的价值。

A.人生的自我价值　　B.人生的社会价值　　C.价值观　　D.价值标准

11.(　　)是人们通过生活实践形成的对人生问题的一种相对稳定的心理倾向和基本意愿。

A.人生目的　　B.人生态度　　C.人生价值　　D.人生追求

12.人生态度与人生目的、人生价值的关系是(　　)。

A.人生态度与人生目的、人生价值无关

B.人生态度既受人生目的、人生价值的决定,又影响人生目的、人生价值的实现

C.人生态度决定人生价值

D.人生态度决定人生目的

13.(　　)认为金钱可以主宰一切,把追求金钱作为人生至高目的。

A.拜金主义　　B.享乐主义　　C.极端个人主义　　D.物质主义

14.马克思说:"人们只有为同时代人的完美、为他们的幸福而工作,才能使自己也达到完美。如果一个人只为自己劳动,他也许能成为著名学者、大哲人、卓越诗人,然而他永远不能成为完美无疵的伟大人物。"这句话表达的意思是(　　)。

A.人生的自我价值和社会价值是矛盾的、对立的

B.人生的社会价值是实现人生的自我价值的基础

C.人生的自我价值是个体生存和发展的必要条件

D.自觉提高自我素质和能力是实现人生价值的根本途径

15.下列不属于人生价值实现的个人条件的是( )。

　　A.良好的经济、政治、社会环境　　　B.不断增强自身能力和本领

　　C.立足自身实际,坚守岗位做贡献　　D.自强不息的精神

16.毛泽东在《纪念白求恩》一文中指出:我们大家要学习他毫无自私自利之心的精神。从这点出发,就可以变为大有利于人民的人。一个人能力有大小,但只要有这点精神,就是一个高尚的人,一个纯粹的人,一个有道德的人,一个脱离了低级趣味的人,一个有益于人民的人。这说明毛泽东要求我们评价一个人的人生价值要( )。

　　A.既要尊重物质贡献,也要尊重精神贡献

　　B.既要注重社会贡献,也要注重自身完善

　　C.既要看贡献的大小,也要看尽力的程度

　　D.坚持动机与效果相统一

17.为人民服务的人生目的能够实现( )。

　　A.人与自然的有机统一　　　B.个人价值与社会价值的有机统一

　　C.个人与家庭的有机统一　　D.家庭与社会的有机体统一

18.人生价值评价的根本尺度是( )。

　　A.一个人的实践活动是否符合社会发展的客观规律,是否促进了历史的进步

　　B.一个人的能力大小

　　C.个人对社会的贡献

　　D.一个人动机的善恶

19.下列有关人生价值评价的说法中,正确的是( )。

　　A.个人的能力越强,其人生价值也就越大

　　B.个人的行为动机越高尚,其人生价值也就越大

　　C.个人对社会的贡献越多,其人生价值也就越大

　　D.个人从社会中得到的满足越多,其人生价值也就越大

20."知耻近乎勇""礼义廉耻,国之四维"说的是人生矛盾中的( )。

　　A.苦乐观　　B.荣辱观　　C.生死观　　D.顺逆观

二、多项选择题

1. 下列关于社会价值正确的说法是(　　)。
   A. 社会价值是社会和他人对于个体的意义
   B. 社会价值主要通过劳动、创造和贡献表现出来
   C. 社会价值是作为客体的人满足作为主体的人的关系
   D. 社会价值是个体的人生对于社会和他人的意义

2. 大学生要科学认识实际生活中的各种问题,勇敢面对和正确处理各种人生矛盾就应做到(　　)。
   A. 树立正确的得失观　　B. 树立正确的生死观
   C. 树立正确的荣辱观　　D. 树立正确的苦乐观

3. 人生观与世界观的关系是(　　)。
   A. 世界观包含人生观
   B. 世界观决定人生观
   C. 人生观决定世界观
   D. 具有唯物主义世界观,人生观不一定就是正确的

4. 下列属于错误的人生观的是(　　)。
   A. 享乐主义人生观　　B. 为人民服务人生观
   C. 拜金主义人生观　　D. 个人主义人生观

5. 下列选项中,体现了为人民服务要求的有(　　)。
   A. 一心为公,大公无私,毫不利己,专门利人
   B. 依靠自己的诚实劳动,在追求个人正当利益的同时,为社会和他人提供货真价实的产品或服务
   C. 通过损公肥私、坑蒙拐骗等手段取得个人利益,最大限度地满足个人需要
   D. 在与人相处中,尽量做到替别人着想,使自己的行为能给他人或社会带来有益的结果

6. 个人与社会的辩证关系为(　　)。
   A. 对立统一　　B. 相互依存　　C. 相互制约　　D. 相互促进

7. 人生价值是自我价值和社会价值的统一。以下体现人生社会价值的有(　　)。

A.个人的社会存在　　　　　　B.社会对个人的尊重和满足

C.个体人生对于社会的意义　　D.个体的人生对于他人的意义

8.端正人生态度应该(　　)。

A.认真务实　　B.享受人生　　C.乐观进取　　D.怀疑批判

9.人生观是人们对人生目的和人生意义的根本看法和态度。下列选项属于人生观范畴的有(　　)。

A.人为什么活着

B.怎样生活才有价值

C.如何对待人生道路上的困难和矛盾

D.人类社会的发展规律是什么

10.与人民同在,体现在(　　)。

A.走与人民群众相结合的道路

B.向人民群众学习

C.从人民群众中汲取营养

D.做中国最广大人民根本利益的维护者

三、辨析题

1.人生价值是指人们通过生活实践形成的对人生问题的一种相对稳定的心理倾向和精神状态。

2.人生态度是人生观的核心,在人生实践中具有重要的作用。

3.评价人生价值的根本尺度,是看一个人的实践活动是否促进了历史进步,看一个人是否坚持完善自身与贡献社会相统一。

四、论述题

1.试述大学生应如何对待人生矛盾。

2.简述人生观的主要内容。

五、材料分析题

材料分析题一：

面对学业、情感、职业选择等多方面的考量，一时有些疑惑、彷徨、失落，是正常的人生经历。关键是要学会思考、善于分析、正确抉择，做到稳重自持、从容自信、坚定自励。要树立正确的世界观、人生观、价值观，掌握了这把总钥匙，再来看看社会万象、人生历程，一切是非、正误、主次，一切真假、善恶、美丑，自然就洞若观火、清澈明了，自然就能作出正确判断、作出正确选择。

——《习近平：青年要自觉践行社会主义核心价值观——在北京大学师生座谈会上的讲话》

学生在高校生活，少则三到四年，多则九到十年，正处在人生成长的关键时期，知识体系搭建尚未完成，价值观塑造尚未成型，情感心理尚未成熟，需要加以正确引导。这好比小麦的灌浆期，这个时候阳光水分跟不上，就会耽误一季的庄稼。高校毕业生走入社会，他们的思想和言行往往影响他们这一代年轻人。高校思想政治工作，面上看做的是学生思想政治工作，实际上将影响一代青年的思想观念、价值取向、精神风貌。所以，高校必须引导学生铸就理想信念、掌握丰富知识、锤炼高尚品格，打下成长成才的基础。

——习近平《在全国高校思想政治工作会议上的讲话》

根据习近平总书记的重要讲话精神，结合实际，谈谈你对人生目的、人生态度和人生价值的理解。

材料分析题二：

"七一勋章"获得者黄文秀，是广西百色市乐业县新化镇百坭村原驻村第一书记，在一场突如其来的山洪中，她的生命永远定格在30岁。芳华绽放的年纪，她与艰辛和泥泞为伴；青春正茂的岁月，她扎根山村反哺家乡。

读书期间，黄文秀曾在入党申请书中写道："一个人要活得有意义，生存得有价值，就不能光为自己而活，要用自己的力量为他人、为国家、为民族、为社会作出贡献。"如今，这位年轻的"扶贫战士"以实际行动践行了入党承诺，把忠诚与信仰书写在脱贫攻坚的征途上。作为驻村第一书记，黄文秀始终扎根群众，心系群众。她曾立下誓言，脱贫工作"不获全胜，决不收兵！"。担任百坭村驻村第一书记1年零82天,在她的努力下,百坭村88户418人脱贫,全村贫困发生率从22.88%降至2.71%,村集体经济收入实现增收6.38万元,百坭村还获得了2018年度百色市"乡风文明红旗村"荣誉称号。在黄文秀精神的感召下,越来越多的年轻人返回家乡,投身乡村建设。黄文秀的先进事迹和优秀品质在华夏大地传颂,激励着人们创造更加美好的生活。

[李纵.广西百色市乐业县百坭村原驻村第一书记黄文秀——执着的追求 闪光的青春(奋斗百年路 启航新征程·"七一勋章"获得者).《人民日报》,2021-07-27(05),有改动]

结合材料回答问题。

1."一个人要活得有意义,生存得有价值,就不能光为自己而活,要用自己的力量为他人、为国家、为民族、为社会作出贡献。"请运用人生价值的相关知识加以阐释。

2."学习黄文秀先进事迹",我们应该怎么做?

参考答案

一、单项选择题

1.B 2.A 3.B 4.A 5.B 6.D 7.A 8.A 9.D 10.B
11.B 12.B 13.A 14.B 15.A 16.C 17.B 18.A 19.C 20.B

二、多项选择题

1.BCD 2.ABCD 3.ABD 4.ACD 5.ABD
6.ABCD 7.CD 8.AC 9.ABC 10.ABCD

三、辨析题

1.错误。人生价值是指人的生命及其实践活动对社会和个人所具有的作用和意义。人生价值内在地包含了人生的自我价值和社会价值两个方面。

2.错误。人生目的是人们在社会实践中关于自身行为的根本指向和人生追求。人生目的是对人为什么活着这一人生根本问题的认识和回答,是人生观的核心。

3.错误。人生价值是指人的生命及其实践活动对社会和个人所具有的作用和意义。评价人生价值的根本尺度,是看一个人的实践活动是否符合社会发展的客观规律,是否促进了历史的进步。劳动以及通过劳动对社会和他人作出的贡献,是社会评价人生价值的普遍标准。

四、论述题

1.大学生要科学认识实际生活中的各种问题,勇敢面对和正确处理各种人生矛盾,具体应做到以下几点:

(1)树立正确的幸福观。大学生的人生课题之一就是什么是真正的幸福观。人世间的一切幸福都需要靠辛勤的劳动来创造;追求幸福的过程就是不满足于现状、不断追求和创造更美好生活的过程;个人幸福与社会整体幸福和他人幸福相互联系,个人幸福只有在社会整体幸福不断增长中才会有保障。

(2)树立正确的得失观。大学生要以积极进取的态度去面对生活中的成败与得失,具体应做到:①要跳出对个人得失的计较。②不要满足于一时的"得"。③不要惧怕或斤斤计较一时的"失"。

(3)树立正确的苦乐观。苦乐观是人们对苦与乐及其关系的根本看法和态度,是人生观的组成部分,是人生观在苦乐问题上的表现。苦与乐是反映人在与自然、与他人和社会之间的相互联系过程中所产生的不同主观体验的范畴。

(4)树立正确的顺逆观。顺境与逆境是相互对立的,人在这一生中不可能一帆风顺,总会遇到这样或那样的问题。在顺境中不要骄傲,因为顺境过后,逆境很快就会到来,当逆境来临时也不能失去斗志,应该逆流而上,去战胜它,不应向它屈服。在面对逆境时,不能气馁,要用一颗平常心去面对它,从中总结经验和教训。

(5)树立正确的生死观。生与死是贯穿人生始终的一对基本矛盾。大学生应当正确理解人生的意义和价值,确立高尚的人生价值追求,创造自己的精彩人生。

(6)树立正确的荣辱观。荣辱观对个人的思想行为具有鲜明的动力、导向和调节作用。大学生应明确是非、对错、善恶、美丑的界限,在纷繁复杂的社会生活中明确应当坚持和提倡什么,应当反对和抵制什么,从容走好人生之路。

2.人生观是人们关于人生目的、人生态度、人生价值等问题的总观点和总看法。人生目的,是指生活在一定历史条件下的人们在社会实践中关于自身行为的根本指向和人生追求。它是人生观的核心,在人生实践中具有重要的作用。人生态度,是指人们通过生活实践形成的对人生问题的一种相对稳定的心理倾向和精神状态。它是人生观的重要内容,一个人有什么样的人生观就会有什么样的人生态度。人生价值,是指人的生命及其实践活动对于社会和个人所具有的作用和意义。它内在地包含了人生的自我价值和社会价值两个方面。

人生目的、人生态度和人生价值作为人生观的主要内容,相互联系、相辅相成,统一为一个有机整体。人生目的回答人为什么活着,人生态度回答人应当如何活着,人生价值回答什么样的人生才有价值。

五、材料分析题

材料分析题一:

人生目的是人们在社会实践中关于自身行为的根本指向和人生追求。人生目的是对人为什么活着这一人生根本问题的认识和回答,是人生观的核心。人生目的决定人生道路,人生目的决定人生态度,人生目的决定人生价值选择。高尚的人生目的总是与奋斗奉献联系在一起。服务人民、奉献社会代表了人类社会迄今最先进的人生追求。大学生只有把自己的人生目的与国家前途、民族命运、人民幸福联系在一起,才能自觉自愿地把自己的一生奉献于利国利民的事业。

人生态度是指人们通过生活实践形成的对人生问题的一种相对稳定的心理倾向和精神状态。大学生应保持积极进取的人生态度:一是人生须认真,二是人生当务实,三是人生应乐观,四是人生要进取。

人生价值是指人的生命及其实践活动对社会和个人所具有的作用和意义。人生价值内地包含了人生的自我价值和社会价值两个方面。评价人生价值的根本尺度,是看一个人的实践活动是否符合社会发展的客观规律,是否促进了历史的进步。既要看贡献的大小,也要看尽力的程度;既要尊重物质贡献,也要尊重精神贡献;既要注重社会贡献,也要注重自身完善。实现人生价值要从社会客观条件出发,也要从个体自身条件出发,还要不断增强实现人生价值的能力和本领。

人生目的、人生态度、人生价值,三者相互影响、紧密关联。其中,人生目的决定着人们对待实际生活的态度和对人生价值的评判,人生态度影响着人们对人生目的的持守和人生价值的实现,人生价值制约着人们对人生目的和人生态度的选择。

材料分析题二:

(1)价值观对人们认识世界和改造世界具有导向作用,是人生的重要向导。黄文秀坚定"为他人、为国家、为民族、为社会作出贡献"的信念,投身家乡扶贫事业,体现了正确价值观的引领作用。

作出正确的价值判断和价值选择,必须自觉站在最广大人民的立场上。黄文秀始终牢固树立为人民服务的思想,把献身人民事业、维护人民利益作为自己最高的价值追求。

在劳动与奉献中创造价值,在个人与社会的统一中实现价值,在砥砺自我中走向成功。黄文秀积极投身为人民服务的扶贫实践,把国家利益、社会利益、人民利益放在首位,践行了共产党员的初心和使命。

（2）第一，树立远大理想，积极投身于为人民服务的社会实践。大学生只有把自己的人生目的与国家前途、民族命运、人民幸福联系在一起，才能自觉自愿地把自己的一生奉献于利国利民的事业。新时代大学生要把为国家和人民事业无私奉献作为人生的最高追求，在服务人民、奉献社会中收获成长和进步。第二，学习科学文化知识，提高为人民服务的本领。人的能力具有累积效应，能够通过学习、锻炼而得以提升。新时代大学生要不断增强实现人生价值的能力和本领，通过各种方式和途径，增长才干、增强本领，提高自身各方面的能力，为实现人生价值做好充分准备，奠定扎实的基础。第三，提高个人素养，在劳动与奉献中实现人生价值。新时代大学生要树立科学的世界观、人生观和价值观，不断提高个人思想政治素质，深刻认同和践行服务人民、奉献社会的思想，积极投身于中国式现代化建设，在为实现中华民族伟大复兴贡献青春和才华的实践中实现人生价值，成就出彩人生。

第二章

追求远大理想
坚定崇高信念

第一部分 教案设计

教学目标

通过本章内容的学习,学生能够系统掌握关于理想信念的理论知识,坚定对马克思主义、共产主义的信仰,增强对中国特色社会主义的信念和实现中华民族伟大复兴的信心。引导大学生正确看待理想和现实的矛盾,树立科学的奋斗目标,将个人理想与国家的前途、民族的命运相结合,契合到实现中华民族伟大复兴的中国梦中,志存高远、脚踏实地、艰苦奋斗,在民族复兴的伟大实践中成就自己的精彩人生。

教学重点

1. 理想信念的内涵和特征。
2. 理想与现实的矛盾。
3. 个人理想与社会理想的辩证关系。

教学难点

1. 理想信念是精神之"钙"。
2. 中国特色社会主义共同理想与共产主义远大理想的关系。
3. "远大抱负"与"脚踏实地"之间的关系。

教学准备

教案、课件、视频资料、多媒体教室、网络学习平台、实践基地等。

通过网络学习平台发布课前任务:你的理想是什么?你如何看待当下青年人"一言不合就躺平"的现象?

教学方法

讲授法、案例分析法、讨论法、情境创设法等。

教学课时

第一节2学时,第二节2学时,第三节2学时,共6学时。

教学过程

第一节　理想信念的内涵及重要性

◎课程导入:

课前调研:你的理想是什么？你如何看待当下青年人"一言不合就躺平"的现象?

分析"躺平"青年的特点以及长期"躺平"的消极影响,指出新时代青年需要坚定理想信念。

◎课程内容:

一、什么是理想信念

(一)理想的内涵、特征及类型

1.学生分享课前调研问题的思考,初识理想。

2.引入毛泽东诗词《念奴娇·昆仑》,通过毛主席对未来美好世界的向往,结合党史,学生明确理想的内涵、特征及类型。理想是人们在实践中形成的、有实现可能性的、对未来社会和自身发展目标的向往与追求,是人们的世界观、人生观和价值观在奋斗目标上的集中体现。理想是多方面和多类型的,根据不同的标准,可以分为个人理想和社会理想,近期理想和远期理想,生活理想、职业理想、道德理想和政治理想等。理想具有超越性、实践性和时代性等特征。

3.学生根据所学知识,修正课前回答。结合教材中"心有所信,方能行远。面向未来,走好新时代的长征路,我们更需要坚定理想信念、矢志拼搏奋斗"这段话进行小结,并衔接下一环节。

(二)信念的内涵、特征及层次

信念同理想一样,也是人类特有的精神现象。信念是人们在一定的认识基础上确立的对某种思想或事物坚信不疑并身体力行的精神状态。信念是认知、情感和意志的有机统一体,为人们矢志不渝、百折不挠地追求理想目标提供了强大的精神动力。信念具有执着性、支撑性、多样性等特征。不同的人由于社会环境、思想观念、利益需要、人生经历和性格特征等方面的差异,会形成不同的信念,同时一个人在社会实践中会形成不同类型和层次的信念,并由此构成其信念体系。在信念体系中,高层次的信念决定低层次的信念,低层次的信念服从高层次的信念。信仰是最高层次的信念,具有最大的统摄力。信仰有盲目和科学之分。盲目的信仰就是对虚幻的世界、不切实际的观念、荒谬的理论等对象的迷信和狂热崇拜,科学的信仰则来自人们对自然界和人类社会发展规律的正确认识。

理想和信念总是相互依存。理想是信念所指的对象,信念则是理想实现的保障。离开理想这个人们确信和追求的目标,信念无从产生;离开信念这种对奋斗目标的执着向往和追求,理想寸步难行。在此意义上,理想和信念难以分割地紧密联系在一起。也正因如此,人们常将理想与信念合称为理想信念。

二、理想信念是精神之"钙"

1.理想信念昭示奋斗目标。

长征是一次理想信念的伟大远征,教师带领学生观看视频《红军长征你应该知道的事》,并分析红军长征的伟大抉择,引导学生理解理想信念是人的思想和行为的定向器,一旦确立就可以使人方向明确、精神振奋,即使前进的道路曲折、人生的境遇复杂,也能使人看到未来的希望和曙光,永不迷失前进的方向。只有理想信念坚定的人,才能矢志不渝、百折不挠,不论风吹雨打,不怕千难万险,坚定不移为实现既定目标而奋斗。

2.理想信念催生前进动力。

继续挖掘长征案例"飞夺泸定桥",引导学生理解一个人有了崇高坚定的理想信念,才会以惊人的毅力和不懈的努力成就事业,才有可能在极其困难的条件下创造奇迹。我们应当重视理想信念的选择和确立,努力树立科学崇高的理想信念,使人生道路越走越宽广,使宝贵的人生富有价值。

3.理想信念提供精神支柱。

展示案例"贺炳炎:共产党人的骨头有多硬",分析理想信念能够在人们遭遇挫折、经受考验的时候,提供一种强大的精神力量,使人不为困难所压倒,顽强奋斗直至战胜艰难险阻。今天,像战争年代那种血与火的生死考验少了,但其他考验仍无处不在。引导学生理解没有理想信念的支撑,人的精神世界就如同无根之木、无基之塔。只有铸牢理想信念之魂,才能经受得住各种考验,创造人生事业的辉煌。

4.理想信念提高精神境界。

展示案例"雪山上的丰碑",分析军需处长的高尚人格是一座精神的丰碑,升华情感的同时引导学生理解:理想信念作为人的精神世界的核心,一方面能使人的精神生活的各个方面统一起来,使人的精神世界成为一个健康有序的系统,避免精神空虚和迷茫;另一方面又能引导人们不断地追求更高的人生目标,并在追求和实现理想目标的过程中提升精神境界、塑造高尚人格。

◎ **课程小结:**

大学生只有树立崇高的理想信念,才能激发起为民族复兴和人民幸福而发愤学习的强烈责任感与使命感,掌握建设祖国、服务人民的本领。不论今后从事什么职业,大学生都要把个人的奋斗志向同国家和民族的前途命运紧紧联系在一起,把个人的学习进步同祖国的繁荣昌盛紧紧联系在一起,使理想信念之花结出丰硕的成长成才之果。

第二节　坚定信仰信念信心

◎ **课程导入:**

上节课我们探讨了崇高、科学的理想信念对大学生成长成才的重要意义。作为新时代的大学生,我们应该确立的崇高、科学的理想信念包含哪些内容呢?我们又该怎样坚定信念、实现理想呢?要回答这些问题,需要我们首先从历史中寻找答案。

观看视频《觉醒》,结合中国近现代史和中国共产党史思考"觉醒"的内涵。结合习近平总书记在纪念五四运动100周年大会上的重要讲话内容,突出在马克思主义旗帜下,1921年中国共产党宣告正式成立,中国历史掀开了崭新一页。

◎课程内容：

一、增强对马克思主义、共产主义的信仰

(一)为什么要信仰马克思主义

1.针对"为什么要信仰马克思主义"这一问题进行主题切入。

2.观看视频《大伙儿知道有一个人叫马克思吗?》，根据李大钊先生对马克思主义选择、传播的党史案例引导学生全面、准确、科学地认识马克思主义，把握马克思主义的科学价值和实践意义，增强对马克思主义的信仰。

3.结合习近平总书记在纪念马克思诞辰200周年会议上的讲话以及马克思主义经典论述，阐明信仰马克思主义的根本原因是马克思主义本身具有的优秀品质——科学性、人民性、实践性。

(二)胸怀共产主义远大理想

马克思主义科学预测了未来社会的理想状态，指明了人类社会的发展方向。

1.提出问题引发学生思考：共产主义社会到底是什么样的社会？共产主义社会最终能取代资本主义社会吗？共产主义社会是可望而不可即的吗？

2.组织全班齐唱《国际歌》，在融入大思政元素的同时带领学生感悟"英特纳雄耐尔"的国际性意义。

3.案例分析：根据西方资本主义经济危机的重复性爆发事实，运用马恩经典论述分析资本主义社会基本矛盾，教会学生辩证地看待"两个必然"和"两个决不会"的关系。

4.组织小组讨论：如何看待"共产主义虚无缥缈论"？辨析"共产主义是渺茫的幻想""共产主义没有经过实践检验"的错误观点，引导学生得出结论：共产主义取代资本主义不是一蹴而就的，而是分阶段实现的。

5.案例分析：通过红岩英烈"一面红旗"的案例引导学生理解我们如今的"小确幸"是无数革命先烈坚守信仰、不惧牺牲换来的。在体现共产主义的国际性与中国化的统一基础上调动课堂氛围，升华情感。最后，以教材中引用的习近平总书记的论述结束本环节内容并衔接下一环节。引导学生理解科学信仰不仅是历史和人民的选择，也是现实的证明，还是未来的昭示。

二、增强对中国特色社会主义的信念

中国特色社会主义,承载着几代中国共产党人的理想和探索,寄托着无数仁人志士的夙愿和期盼,凝聚着亿万人民的奋斗和牺牲,是近代以来中国社会发展的必然选择。

1.中国特色社会主义是科学社会主义,而不是其他什么主义。通过邓小平同志的重要论述阐明共同理想的重要作用,通过习近平重要论述引入中国特色社会主义共同理想是在解决中国实际问题的基础上形成的,即在中国共产党领导下,坚持和发展中国特色社会主义,实现社会主义现代化和中华民族伟大复兴。

2.中国特色社会主义不是从天上掉下来的,而是中国共产党带领中国人民历经千辛万苦找到的实现中国梦的正确道路。以相关数据、视频等资料进行中外比较、今昔对比,展示改革开放以来特别是党的十八大以来中国特色社会主义建设实现的历史性变革和历史性成就,使学生增强"四个自信"。

3.中国共产党领导是中国特色社会主义最本质的特征,是中国特色社会主义制度的最大优势。根据新华社发表的宣言文章《社会主义没有辜负中国》讲述中国共产党领导中国人民取得的伟大胜利:使具有5000多年文明历史的中华民族全面迈向现代化,让中华文明在现代化进程中焕发出新的蓬勃生机;使具有500多年历史的社会主义主张在世界上人口最多的国家成功开辟出具有高度现实性和可行性的正确道路,让科学社会主义在21世纪焕发出新的蓬勃生机;使具有70多年历史的新中国建设取得举世瞩目的成就,让中国这个世界上最大的发展中国家在短短40多年里摆脱贫困全面建成了小康社会,创造了人类社会发展史上惊天动地的发展奇迹;使新时代中国特色社会主义取得历史性成就、发生历史性变革,让中国式现代化为人类实现现代化提供了新的选择,为解决人类面临的共同问题提供更多更好的中国智慧、中国方案、中国力量,为人类和平与发展崇高事业作出新的更大贡献。

三、增强对实现中华民族伟大复兴的信心

承上启下,继续以新华社发表的宣言文章《社会主义没有辜负中国》进行讲授。

1.实现中华民族伟大复兴,是中华民族近代以来最伟大的梦想。从我们站起来、富起来、强起来的历程,明确实现中华民族伟大复兴是近代以来中华儿女的共同心愿,结合中国共产党带领中国人民取得的伟大成就,增强学生对实现中华民族伟大复兴的信心。

2.实现中华民族伟大复兴的中国梦是一项光荣而艰巨的事业。中华民族伟大复兴的实现是一个接续的过程,一代人有一代人的使命,需要我们继续付出艰苦努力。

◎课程小结:

中国的昨天已经写在人类的史册上,中国的今天正在亿万人民手中创造,中国的明天必将更加美好。信仰、信念、信心,任何时候都至关重要。小到一个人、一个集体,大到一个政党、一个民族、一个国家,只要有信仰、信念、信心,就会愈挫愈奋、愈战愈勇,否则就会不战自败、不打自垮。理想信念之火一经点燃就会产生巨大的精神力量。

走好新时代的长征路,大学生要不断增强中国特色社会主义道路自信、理论自信、制度自信、文化自信,自觉做共产主义远大理想和中国特色社会主义共同理想的坚定信仰者、忠实实践者,为崇高理想信念而矢志奋斗。

第三节 在实现中国梦的实践中放飞青春梦想

◎课程导入:

根据学生学习特点通过温故知新进行导入,阐明大学生在实现中国梦的实践中放飞青春梦想需要处理好几对关系。

◎课程内容:

一、科学把握理想与现实的辩证统一

1.播放与大学生相关的视频《现实与理想》,引起学生共鸣、开展互动讨论。组织学生谈一谈:你理想的大学是什么样的?在现实中你遇到了哪些困难?你计划怎样克服这些困难?

2.引用习近平知青岁月过五关的故事,辨析两种错误认识偏向,引导学生辩证看待理想与现实的矛盾。结合赵世炎、邓稼先以及大国工匠陈行行的案例,通过中国共产党的百年历史讲授理想的实现是一个具有长期性、艰巨性和曲折性的过程,并落脚到学生对艰苦奋斗精神的传承上。

二、坚持个人理想与社会理想的有机结合

1. 提问:"通过个人努力,一定能实现理想吗?"

组织学生分小组讨论叙利亚外交官与中国外交官的故事,请学生思考个人理想的实现除了要努力奋斗,还需要考虑哪些因素。引导学生思考个人理想与社会理想的辩证关系,用两国外交官的今昔对比,让学生理解个人理想与社会理想的关系实质是个人与社会的关系在理想层面上的反映。

2. 分析"两弹一星"功勋奖章获得者屠守锷的案例,通过屠老应国家需要改行搞导弹的人生抉择,引导学生理解个人理想受社会理想的规定和指引。通过讲解党的二十大对新时代新征程中国共产党的中心任务的强调,引导学生理解社会理想是对个人理想的凝练和升华,鼓励学生结合专业把个人理想融入社会理想之中,积极参与社会实践。

三、为实现中国梦注入青春能量

组织主题讨论:实现中华民族伟大复兴需要心中有信仰的青年付出脚踏实地的行动。那么,作为一名高职大学生的我们应该怎么做呢?

1. 立鸿鹄志,做奋斗者。"为中华之崛起而读书"的周总理其实在理想的选择与实践过程中,和广大青年们一样遇到过青春的迷茫与困惑,他的解决方案则是在实践中坚定信仰实现理想。

2. 心怀"国之大者",敢于担当。无论是普通人匠心圆梦的故事,还是"耶鲁哥"秦玥飞投身农村建设的案例,都告诉我们真正的大事是为人民服务。

3. 自觉躬身实践,知行合一。分享自身坚定理想信念的实践经历,同时以职业院校学生宋彪为例,鼓励学生和老师一起践百年青春之约。阐明"远大抱负"与"脚踏实地"的关系,崇高理想的确立来源于现实,且崇高理想的实现不是一蹴而就的,而是始于足下。抱负远大方能勇往直前,脚踏实地方能行稳致远。

◎ **课程小结：**

理想信念是一个思想认识问题，更是一个实践问题。理想不等于现实，理想的实现往往要通过一条并不平坦的曲折之路，有赖于脚踏实地、持之以恒的奋斗。在追求理想的过程中，大学生需要正确处理理想与现实、个人理想与社会理想的关系，科学把握理想与现实的辩证统一，坚持个人理想与社会理想的有机结合。大学生肩负实现中华民族伟大复兴的中国梦的历史重任，应当把实现理想的道路建立在脚踏实地的奋斗上：一是立鸿鹄志，做奋斗者；二是心怀"国之大者"，敢于担当；三是自觉躬行实践，知行合一。

◎ **总结提高：**

通过课前任务、课中讨论互动、案例分析、情境创设等方法，融入音乐、诗词等大思政元素，学生明确了理想信念的内涵和特征及其相互关系，认识了理想信念是精神之"钙"及其对大学生成长成才的重要意义，深刻剖析了确立崇高科学理想信念的理论选择与青春实践，教学内容环环相扣，突破教学重难点。知识点讲授结束后，及时进行梳理总结和课堂测试，并借助信息化工具反馈教学效果。在教学实施中，发现教学评价应用中的个体关怀不够充分，评价主体仍然局限于思政教师和学生，评价内容则主要局限于课程目标，增值评价有待完善。下一步改进计划以课程思政为契机，强化"思政教师+专业教师+辅导员"互动联系机制，营造全方位育人生态，建构多元化评价主体。推动学校与社会、企业的联动，推进校内外实践紧密衔接，加强大中小一体化教学联动，拓宽多维化评价内容。

第二部分
案例分析

案例一

案例呈现

"两弹元勋"屠守锷

他是中国导弹事业的开拓者和奠基人之一,"两弹元勋"功勋奖章获得者,著名的导弹和火箭专家。

屠守锷自小就聪明伶俐,勤奋好学,在校成绩一直名列前茅。1932年,在上海读中学的屠守锷目睹了"一·二八事变",原本的十里洋场,繁华都市,在轰炸声中顷刻之间覆灭,只剩尸横遍野和废墟一片。年少热血的屠守锷深受感触,便下定决心,以后一定要亲手造出我们国家自己的飞机。抱着航天救国的心,屠守锷更加发奋学习,并在1936年考上清华学府。由于当时国内的高校并没有开设航空专业,屠守锷便选择就读机械专业。在1938年清华设立了航空工程系后,他毫不犹豫地转入航空工程系。

1943年,麻省理工毕业以后,屠守锷受聘成为美国布法罗寇蒂斯飞机制造厂的一名工程师,负责飞机强度分析。在那里,他不仅感受到了美国先进科学技术带来的发展,还感受到美国种族歧视带来的屈辱。面对美国人的冷嘲热讽,出言挑衅,屠守锷更加坚定要学习先进技术的心,不仅仅为了自己,更为了祖国的强大。即便是在身心俱疲的状态下,屠守锷也不曾离开过自己的工作岗位半天,因为少工作半天就代表自己少学半天。在他看来,国家给了自己来学习的机会,自己必须学有所成,要尽可能地吸收先进技术,报效祖国。

1945年8月15日,日本帝国主义宣布无条件投降,中国历经14年的血雨腥风,终于迎来抗日战争的胜利。消息很快就传到大洋彼岸的美国,屠守锷知道后,归心似箭。像屠守锷这种航空技术型人才,离开美国回中国,那是美国当局最不愿意看到的情况,于是想方设法地阻止他回国。但无论是高薪聘用还是武力强留,都不能削弱他的归国之心。在经过一番努力之后,屠守锷终于登上归国游轮,经数十天的漂洋过海后,踏上祖国故土。

由于当时的国民党政府根本无心兴办航空事业,屠守锷只好把希望寄托在下一代的身上。于是开始专注于培养航空人才的教育工作,先后在西南联大和清华大学的航空专业授课。在此期间他接触到了马克思主义,了解了中国共产党,1948年12月,屠守锷秘密加入中国共产党,成为我党一员。

1949年10月1日,中华人民共和国宣告成立,屠守锷调任北京航空学院授课。1957年2月,应聂荣臻元帅之邀,屠守锷跨进了国防部第五研究院的大门,由航天转向导弹研究,担任总体设计部主任,在面对"为什么回国改行搞导弹"的疑问时,他只是平静地说了一句"国家需要啊"。

(搜狐网,2021-03-16,有改动)

思考讨论

《唐宋八大家文集 欧阳修文集》卷十八:"得其大者可以兼其小,未有学其小而能至其大者也,知此然后知学《易》矣。"请同学们结合本节所学并根据案例谈谈对"得其大者可以兼其小"的理解。

案例点评

通过"两弹元勋"屠守锷的案例,我们应该看到,无论是屠老的求学经历,还是改行搞导弹的选择,都离不开国家和民族的需要。得其大者可以兼其小,是说个人只有把人生理想融入国家和民族的事业中,才能最终成就一番事业。大学生对自己未来生活的追求和向往,不能脱离当代中国的社会现实。坚持和发展中国特色社会主义,实现中华民族的伟大复兴,是当代中国最大的现实,也是全体中国人民共同的社会理想。大学生要在社会理想的指引下,珍惜韶华、奋发有为,勇于追求个人理想,在实现社会理想的过程中努力实现个人理想。

使用建议

本案例可用于第三节"在实现中国梦的实践中放飞青春梦想"第二目"坚持个人理想与社会理想的有机结合"中"个人理想以社会理想为指引"部分的教学,以帮助大学生认识个人理想的确立要以社会理想为导向,个人理想的实现必须以社会理想的实现为前提和基础。个人理想只有同国家的前途、民族的命运相结合,个人的向往和追求只有同社会的需要和人民的利益相一致,才可能变为现实。

案例二

案例呈现

新生代工匠宋彪

宋彪来自安徽蚌埠农村。中学时宋彪的学习成绩并不理想,在父亲的鼓励下,宋彪说,"拿不好笔杆子,就拿好工具"。

宋彪进入江苏省常州技师学院学习。由于基础知识太差,宋彪就利用课余时间请教专业课老师,把课堂听不懂的专业知识一一搞懂。经过一个学期的追赶,宋彪越来越自信,也逐渐发现自己动手能力强的天赋,课余时间常常守在车间琢磨产品设计。

因为长期勤于钻研,宋彪在江苏省第一届技能节中崭露头角,获得了参加世界技能大赛的敲门砖。在此后的省级、全国选拔赛中他一路晋级,站在了世界技能大赛最高领奖台,成为首位获得"阿尔伯特·维达大奖"的中国人。

宋彪说:"我从自己的成长、参赛经历中深深体会到,技能改变人生,技能成就梦想。我将珍惜荣誉、再接再厉,坚定走技能成才之路,用自己的努力阐释新时代工匠精神。也希望更多的有志青年能够凭借精湛的技能让人生出彩!"

(央视网,2021-05-05,有改动)

思考讨论

实现中华民族伟大复兴需要心中有信仰的青年,付出脚踏实地的行动。那么,作为一名高职大学生的我们应该怎么做呢?

案例点评

漫长征途需要一步一步地走,崇高理想的实现需要一点一滴地奋斗。通往理想的路是遥远的,但起点就在脚下,就在一切平凡的岗位上,就在扎扎实实的学习和工作中。中国古代先哲老子说:"合抱之木,生于毫末;九层之台,起于累土;千里之行,始于足下。"踏踏实实、循序渐进,与雄心壮志、力争上游并不矛盾,不踏踏实实打好基础,就无法攻尖端、攀高峰。作为一名高职大学生,应该像宋彪一样不妄自菲薄,长期勤于钻研求学,自觉躬身实践,知行合一。要牢记"空谈误国、实干兴邦",志存高远、脚踏实地、埋头苦干,充分展现自己的抱负和激情,在"真刀真枪"的实干中成就一番事业。

使用建议

本案例可用于第三节"在实现中国梦的实践中放飞青春梦想"的第三目"为实现中国梦注入青春能量"中关于"自觉躬身实践,知行合一"相关内容的教学。通过案例,学生明确通往理想的路虽然遥远,但起点就在脚下,就在扎扎实实的学习和工作中。大学生要志存高远、脚踏实地,在实干中成就一番事业。

第三部分
实践环节

实践目标

通过实践活动,学生加深对个人理想与社会理想关系的理解,明确新时代高职院校青年学生在实现共同理想中的责任及实践路径,养成艰苦奋斗的职业精神和精益求精的工匠精神。

活动设计

1. 课前在云平台发布微视频《青年的职业理想》,让学生进行主题讨论"畅谈个人职业理想"。根据学生的回答,了解学生的职业理想以及他们在确立职业理想过程中存在的困惑。

2. 带领学生参观校史馆优秀毕业作品展及学校工业文化大观园,让学生拍下自己喜欢的毕业生作品,为下一步分享展示做好准备。

3. 教师讲授与学生展示相结合,分析毕业设计理念的一个重要共通点在于契合了国家发展战略、人民生活需求等社会理想因素,完成主题升华。

4. 活动小结并引导学生根据实践活动感悟和修正课前进行的"畅谈个人职业理想"主题讨论的观点,引导学生结合专业,将个人理想融入社会理想,树立崇高科学的理想信念。

注意事项

有序安排参观活动,为学生重点介绍优秀作品。为保证学生安全及教学效果,可组织学生分批次进行参观。

第四部分 课后练习

一、单项选择题

1."哲学家们只是用不同的方式解释世界,问题在于改变世界。"马克思的这句名言表明了（　　）。

A.马克思主义是科学的

B.马克思主义是崇高的

C.马克思主义具有持久生命力

D.马克思主义重视实践

2.(　　)是马克思主义的最伟大贡献。

A.实践论和矛盾论　　　　B.唯物史观和剩余价值论

C.唯物主义　　　　　　　D.群众史观

3.习近平说,精神上"缺钙",就会得"软骨病"。这里的"钙"是指(　　)。

A.理想信念　　B.人生态度　　C.规则意识　　D.爱国主义

4.理想是(　　)。

A.缺乏客观根据的随心所欲的对未来的想象

B.与现实有很大差距,毫无实现可能的一种未来想象

C.在实践中形成的、有实现可能性的、对未来社会和自身发展目标的向往与追求

D.与生活愿望相结合并指向未来的想象

5.理想与空想的区别在于(　　)。

A.是否具有主观能动性　　　B.是否是创新思维的结果

C.是否符合客观规律性　　　D.是否是自然形成的

6.以下关于理想表述错误的是(　　)。

A.理想是人的主观能动性与社会发展客观趋势的一致性的反映,是人们在正确把握社会历史发展客观规律的基础上形成的,因此理想必然可以实现

B.理想带有时代的烙印,在阶级社会中,还必然带有特定阶级的烙印

C.理想之所以能够成为一种推动人们创造美好生活的巨大力量,就在于它

不仅具有现实性,而且具有预见性

D.实践产生理想,理想指引实践,理想与实践的相互作用推动着人们立足现实、着眼未来,在奋斗中追求,在追求中奋斗

7.邓小平指出:"我们过去几十年艰苦奋斗,就是靠用坚定的信念把人民团结起来,为人民利益而奋斗。没有这样的信念,就没有凝聚力。没有这样的信念,就没有一切。"这段话表明(　　)。

A.信念是评判事物的标准

B.信念是人生的行为准则

C.信念是认识事物的基点

D.信念是强大的精神力量

8.信念的最集中、最高的表现形式是(　　)。
A.信仰　　　B.理想　　　C.意志　　　D.志向

9.马克思主义信仰建立在(　　)的基础上。
A.知识　　　B.科学　　　C.理想　　　D.革命

10.从本质上讲,理想和信念都是人类在(　　)基础上产生的一种特殊的社会意识和精神现象。

A.社会实践　　B.哲学思维　　C.科学研究　　D.思想发展

11.俄国寓言家克雷洛夫曾说:"现实是此岸,理想是彼岸。中间隔着湍急的河流,行动则是架在川上的桥梁。"这句话告诉我们的道理是(　　)。

A.理想必须落实在行动上

B.理想和现实没有区别

C.理想会自发地变成现实

D.现实是现实,理想是理想,二者不可能相交

12.理想和现实的统一性表现在(　　)。

A.理想总是美好的,而现实中既有美好的一面,也有丑陋的一面

B.现实是理想的基础,理想是现实的未来

C.理想就是现实

D.有了坚定的信念,理想就能自动变为现实

13.(　　)是实现理想的重要条件。
A.仰望星空　　B.阶级斗争　　C.遐想空谈　　D.艰苦奋斗

14.理想作为一种精神现象,是人类社会实践的产物。理想源于现实,又超越现实,在现实中有多种类型。从层次上划分,理想有( )。

A.个人理想和社会理想　　　　B.道德理想和政治理想

C.生活理想和职业理想　　　　D.崇高理想和一般理想

15.社会理想是指社会全体成员的共同理想,是整个社会占主导地位的共同奋斗目标,( )是马克思主义最崇高的社会理想。

A.发展民主主义　　　　B.实现共产主义

C.摆脱贫穷落后　　　　D.建设社会主义

16.个人理想与社会理想的关系实质上是( )关系在理想层面的反映。

A.公民与国家　　　　B.个人与社会

C.公民与社会　　　　D.个人与集体

17.现阶段我国各族人民建设中国特色社会主义的共同理想和我们党建立共产主义社会的最高理想,属于人生理想中( )的内容。

A.政治理想　　B.职业理想　　C.生活理想　　D.道德理想

18.中国特色社会主义最本质的特征是( )。

A."五位一体"总体布局　　　　B."四个全面"战略布局

C.人民利益为根本出发点　　　　D.中国共产党的领导

19."理想变为现实不是一蹴而就、一帆风顺的,往往会遭遇波澜和坎坷。"这句话表明了( )。

A.理想是难以实现的

B.理想是一定可以实现的

C.理想的实现是长期的、艰巨的、曲折的

D.理想在顺境中容易实现,在逆境中不易实现

20."得其大者可以兼其小",根据这句话,对个人理想与社会理想关系判断错误的是( )。

A.社会理想对于个人理想来说具有包容性

B.社会理想是每个人理想的总和

C.社会理想为个人理想提供方向性指导

D.社会理想为个人理想的实现提供条件

二、多项选择题

1.关于马克思主义是人民的理论,以下表述正确的是( )。

A.人民性是马克思主义的本质属性

B.马克思主义博大精深,归根到底就是一句话,为人类求解放

C.马克思主义第一次创立了人民实现自身解放的思想体系

D.马克思主义指明了依靠人民推动历史前进的人间正道

2.大学生坚信马克思主义信仰,最重要的是学习和掌握马克思主义的( ),确立正确的世界观和历史观。

A.立场　　　B.观点　　　C.方法　　　D.基本理论

3.大学生要实现个人理想和社会理想的统一,就要做到( )。

A.在实现社会理想的过程中实现个人理想

B.彻底牺牲小我,成就大我

C.主观为自己,客观为别人

D.坚持个人奋斗目标与国家、民族的奋斗目标相统一

4.如何使理想变为现实( )。

A.靠冒险就能实现理想

B.辩证看待理想与现实的矛盾

C.自强不息,艰苦奋斗

D.付诸实践,只有实践才是通往理想彼岸的桥梁

5.有人在实现理想的过程中遇到困难时,觉得理想遥不可及,还是"现实"一点儿好,丧失为理想而奋斗的信心和勇气,直至最终放弃理想。这种认识反映了在理想与现实关系问题上( )的错误倾向。

A.用理想来否定现实

B.扩大理想与现实的统一

C.用现实来否定理想

D.扩大理想与现实的对立

6.有人喜欢感叹"理想很丰满,现实很骨感",大学生在追求理想的过程中也容易对理想与现实的矛盾产生困惑。正确理解理想与现实的关系,应认识到( )。

A.理想是未来的现实

B.理想受现实的规定和制约

C.现实是理想的基础

D.理想与现实的冲突属于"应然"与"实然"的矛盾

7.不同的人由于社会环境、思想观念、利益需要、人生经历和性格特征等方面的差异,会形成截然不同的乃至截然相反的信念。即使同一个人,也会形成关于社会生活不同方面的信念。这说明( )。

A.信念具有分散性

B.信念的多样性是正常现象

C.信念有不同的层次和类型

D.信念具有执着性

8.现阶段我国各族人民的共同理想,就是在中国共产党的领导下( )。

A.建立共产主义社会

B.达到总体小康

C.坚持和发展中国特色社会主义

D.实现中华民族伟大复兴

9.理想的特征包括( )。

A.理想具有超越性

B.理想具有实践性

C.理想具有时代性

D.理想具有现实性

10.个人理想与社会理想的关系表述正确的有( )。

A.个人理想以社会理想为指引

B.社会理想是对个人理想的凝练和升华

C.个人理想与社会理想不是彼此孤立的

D.个人理想与社会理想相互联系、相互影响、相互制约

三、辨析题

1.理想是最高层次的信念,具有最大的统摄力。

2. 中国共产党的领导是中国特色社会主义最本质的特征。
3. 艰苦奋斗是老一辈的事,当代青年不需要艰苦奋斗。

四、论述题

1. 为什么要信仰马克思主义?
2. 如何看待理想与现实的关系?

五、材料分析题

材料分析题一:

2021年4月25日至27日,习近平赴广西壮族自治区考察,第一站就到桂林市全州县的红军长征湘江战役纪念园,强调理想信念之火一经点燃就会产生巨大的精神力量。长征是一次理想信念的伟大远征。长征的胜利,是中国共产党人理想的胜利,是中国共产党人信念的胜利。习近平指出,"长征胜利启示我们:心中有信仰,脚下有力量;没有牢不可破的理想信念,没有崇高理想信念的有力支撑,要取得长征胜利是不可想象的"。长征途中,英雄的红军纵横十余省,长驱二万五千里,同敌人进行了600余次战役战斗,跨越近百条江河,攀越40余座高山险峰,其中海拔4000米以上的雪山就有20余座,穿越了被称为"死亡陷阱"的茫茫草地。红军用顽强的意志征服了人类生存极限,完成了看似不可能完成的伟大远征,创造了气吞山河的人间奇迹。

结合材料及自身实际,谈谈为什么要坚定信仰信念信心。

材料分析题二:

2022年10月16日,习近平在中国共产党第二十次全国代表大会上的报告中指出:"从现在起,中国共产党的中心任务就是团结带领全国各族人民全面建成社会主义现代化强国、实现第二个百年奋斗目标,以中国式现代化全面推进中华民族伟大复兴。在新中国成立特别是改革开放以来长期探索和实践基础上,经过十八大以来在理论和实践上的创新突破,我们党成功推进和拓展了中国式现代化。""今天,我们比历史上任何时期都更接近、更有信心和能力实现中华民族伟大复兴的目标,同时必须准备付出更为艰巨、更为艰苦的努力。全党必须坚定信心、锐意进取,主动识变应变求变,主动防范化解风险,不断夺取全面建设社会主义现代化国家新胜利!"祖国的青年一代有理想、有追求、有担当,实现中华民族伟大复兴就有源源不断的青春力量。习近平寄语青年要扎根中国大地了解国情民情,在创新创业中增长智慧才干,在艰苦奋斗中锤炼意志品质,在亿万人民为实现中国梦而进行的伟大奋斗中实现人生价值,用青春书写无愧于时代,无愧于历史的华彩篇章。

请从个人理想与社会理想辩证关系的角度,谈谈青年为什么要树立共同理想和远大理想。

参考答案

一、单项选择题

1.D 2.B 3.A 4.C 5.C 6.A 7.D 8.A 9.B 10.A
11.A 12.B 13.D 14.D 15.B 16.B 17.A 18.D 19.C 20.B

二、多项选择题

1.ABCD 2.ABC 3.AD 4.BCD 5.CD
6.ABCD 7.BC 8.CD 9.ABC 10.ABCD

三、辨析题

1.错误。不同的人由于社会环境、思想观念、利益需要、人生经历和性格特征等方面的差异,会形成不同的信念,同时一个人在社会实践中会形成不同类型和层次的信念,并由此构成其信念体系。在信念体系中,高层次的信念决定低层次的信念,低层次的信念服从高层次的信念。信仰是最高层次的信念,具有最大的统摄力。

2.正确。中国共产党领导是中国特色社会主义最本质的特征,是中国特色社会主义制度的最大优势,是党和国家的根本所在、命脉所在,是全国各族人民的利益所系、命运所系。中国共产党是中国工人阶级的先锋队,同时是中国人民和中华民族的先锋队,是中国特色社会主义事业的领导核心。中国共产党自诞生之日起,就把为中国人民谋幸福、为中华民族谋复兴作为自己的初心和使命,并团结带领全国各族人民不懈奋斗,战胜各种艰难险阻,不断取得革命、建设、改革的伟大胜利。

3.错误。一方面,物质生活条件的改善,社会观念的变化只是赋予艰苦奋斗以新的时代内涵和实践要求,但艰苦奋斗的精神是永远不会过时的。另一方面,讲艰苦奋斗,也并不是不讲物质条件,而是为了实现既定的理想,吃苦耐劳,迎难而上,不惜奉献出自己的一切。当代中国既面临着重要发展机遇,也面临着前所未有的困难和挑战。实现我们的发展目标,需要广大青年锲而不舍、驰而不息地奋斗,不断书写奉献青春的时代篇章。

四、论述题

1.马克思主义是我们认识世界、改造世界的强大思想武器。马克思主义为我们提供了科学的思想方法,正确运用马克思主义,我们在观察事物时就能正确地提出问题、分析问题和解决问题。

(1)马克思主义是科学的理论,创造性地揭示了人类社会发展规律。马克思主义深刻揭示了自然界、人类社会、人类思维发展的普遍规律,为人类社会发展进步指明了方向。

(2)马克思主义是人民的理论,第一次创立了人民实现自身解放的思想体系。马克思主义第一次站在人民的立场探求人类自由解放的道路,以科学的理论为最终建立一个没有压迫、没有剥削、人人平等、人人自由的理想社会指明了方向。

(3)马克思主义是实践的理论,指引着人民改造世界的行动。马克思主义不仅致力于科学解释世界,而且致力于积极改变世界。正是在马克思主义的指导下,社会主义由空想变成科学,由科学理论转变为社会实践。

(4)马克思主义是不断发展的开放的理论,始终站在时代前沿。马克思一再告诫人们,马克思主义理论不是教条,而是行动指南,必须随着实践的变化而发展。一部马克思主义发展史就是马克思、恩格斯以及他们的后继者们不断根据时代、实践、认识发展而发展的历史,是不断吸收人类历史上一切优秀思想文化成果丰富自己的历史。

2.在追求理想的过程中,人们常常会感受到理想与现实之间的矛盾,这就需要正确认识理想与现实的关系。

(1)辩证看待理想与现实的矛盾。理想与现实是对立统一的,具体来看:①理想和现实存在着对立的一面,二者的矛盾与冲突,属于"应然"和"实然"的矛盾。②理想与现实又是统一的。理想受现实的规定和制约,是在对现实认识的基础上发展起来的。现实中包含着理想的因素,孕育着理想的发展。理想来源于现实,是对现实的反映,但它不等于现实,而是现实的升华。理想高于现实,但它并不脱离现实,与现实是相互统一的。

(2)理想的实现具有长期性、艰巨性和曲折性。①理想的实现是一个过程。一般来说,理想越是远大,它的实现过程就越复杂,需要的时间也就越漫长。②理想变为现实不是一帆风顺的,往往会遭遇波澜和坎坷。

(3)艰苦奋斗是实现理想的重要条件。①艰苦奋斗是我们的传家宝。艰苦奋斗是无产阶级为实现共产主义理想而在长期的革命实践中形成的一种不畏艰苦、顽强奋斗的品质和作风。它是中华民族的传统美德,成为后人继往开来、开拓创新的巨大动力。②艰苦奋斗绝不是一时的权宜之计。第一,物质生活条件的改善,社会观念的变化,只是赋予艰苦奋斗以新的时代内涵和实践要求,但艰苦奋斗的精神是永远不会过时的。第二,讲艰苦奋斗,也并不是不讲物质利益,而是为了实现既定的理想,不怕吃大苦、耐大劳,不惜献出自己的一切。

五、材料分析题

材料分析题一:

理想是人们在实践中形成的、有实现可能性的、对未来社会和自身发展目标的向往和追求,是人们的世界观、人生观和价值观在奋斗目标上的集中体现。理想信念是人的精神世界的核心,是人精神上的"钙"。正如红军将士们在长征途中展现出的一样,长征就是一次理想信念的伟大远征。红军之所以能够完成看似不可能完成的伟大征程,正是因为他们有坚定的理想信念,用顽强的意志征服了人类生存的极限。实现中华民族伟大复兴的中国梦需要一代又一代青年矢志奋斗。当代青年学生肩负重任,应当志存高远、脚踏实地,切实增强对马克思主义、共产主义的信仰,增强对中国特色社会主义的信念,增强对实现中华民族伟大复兴的信心,把个人理想追求融入党和国家事业之中。

(1)增强对马克思主义、共产主义的信仰。坚定的理想信念,必须建立在对马克思主义的坚定信仰上,建立在对历史规律的深刻把握上。

(2)增强对中国特色社会主义的信念。中国特色社会主义,承载着几代中国共产党人的理想和探索,凝聚着亿万人民的奋斗和牺牲,是近代以来中国社会发展的必然选择。在中国共产党领导下,坚持和发展中国特色社会主义,实现中华民族伟大复兴,要求我们必须增强对中国特色社会主义的坚定信念。

(3)增强对实现中华民族伟大复兴的信心。实现中华民族伟大复兴,是中华民族近代以来最伟大的梦想。这个梦想,就是要实现国家富强、民族振兴、人民幸福,它凝聚了几代中国人的夙愿,体现了中华民族和中国人民的整体利益,是每一个中华儿女的共同期盼。

综上所述,对于生活在现代社会的我们来说,要继承发扬长征精神,坚定信仰信念信心,这样才能在时代和历史的发展洪流中坚定自己的信念和目标,不被社会中不好的氛围所影响,不怕千难万险,坚定不移为实现既定目标而奋斗。在不断实现自我价值的过程中,也不断对社会和国家有更多的贡献,不断提升社会价值。

材料分析题二：

(1)个人理想与社会理想是辩证统一的。个人理想是指处于一定历史条件和社会关系中的个体对自己未来的物质生活、精神生活所产生的向往和追求。社会理想是指社会集体乃至社会全体成员的共同理想，即在全社会占主导地位的共同奋斗目标。个人理想与社会理想的关系实质上是个人与社会关系在理想层面的反映。二者相互联系、相互影响、相互制约。①个人理想以社会理想为指引。追求个人理想的实践活动都是在社会中进行的，正确的个人理想不是依个人的主观愿望随意确定的，而是由正确的社会理想规定的。个人理想的实现，必须以社会理想的实现为前提和基础。②社会理想是个人理想的汇聚和升华。党的二十大强调新时代新征程中国共产党的中心任务就是现阶段全体中国人民共同的社会理想。强调社会理想，并不是要排斥和抹杀个人理想，社会理想归根到底要靠全体社会成员的共同努力来实现，并具体体现在每个社会成员为实现个人理想而进行的活生生的实践中。

(2)青年一代要树立共同理想和远大理想的原因：①只有树立共同理想和远大理想，青年一代才能够将个人理想与社会理想相统一。每一个青年的前途离不开国家，没有国家的前途也就没有青年的前途。②当社会理想与个人理想产生冲突时，共同理想和远大理想能够指引青年作出正确选择。③走好新时代的长征路，青年一代要不断增强中国特色社会主义道路自信、理论自信、制度自信、文化自信，自觉做共产主义远大理想和中国特色社会主义共同理想的坚定信仰者、忠实实践者，为崇高理想信念而矢志奋斗。

第三章

继承优良传统
弘扬中国精神

第一部分 教案设计

教学目标

理解中国精神的基本内涵及其时代意义,了解爱国主义的基本内涵,掌握新时代的爱国主义的基本要求,理解改革创新是中华民族的禀赋和时代要求。

教学重点

1. 中国精神的历史传承。
2. 中国精神的丰富内涵。
3. 弘扬以爱国主义为核心的民族精神。
4. 弘扬以改革创新为核心的时代精神。

教学难点

1. 实现中国梦必须弘扬中国精神。
2. 爱国主义的基本内涵。

教学准备

教案、课件、视频资料、多媒体教室、网络学习平台、实践基地等。

在网络学习平台上提前准备好互动资料和课后习题。

学生通过网络查找关于故宫的资料,发现故宫的美,并将图片分享至网络学习平台。

教学方法

讲授法、讨论法、案例法等。

教学课时

第一节2学时,第二节2学时,第三节2学时,共6学时。

教学过程

第一节　中国精神是兴国强国之魂

◎ **课程导入**：

PPT展示案例：

端午节是中国的四大传统节日之一,与春节、清明节、中秋节有着同样重要的地位。端午节既有一般传统节日的共同特点,比如,有特定的时间,特定的纪念对象,特定的仪式、社交、生活习俗和娱乐活动。同时,端午节又有自己独特的文化特征和文化表现形式。

念屈原、赛龙舟、吃粽子、插艾蒿、佩香囊、饮雄黄酒等有着悠久的文化渊源。从端午祭拜的人物看,目前影响最大的还是屈原。据闻一多的《端午考》和《端午的历史教育》所列举的百余条古籍记载及相关专家的考证,端午节起源于中国古代吴越之地,远比纪念屈原早得多。但千百年来,屈原的爱国精神和感人诗篇却深入人心。屈原全心爱国,遭奸臣陷害,但他宁折不弯,依然追求自己的理想。《离骚》中一串串闪光的诗句,今天人们读来依然怦然心动。"长太息以掩涕兮,哀民生之多艰""彼尧舜之耿介兮,既遵道而得路""亦余心之所善兮,虽九死其犹未悔""路曼曼其修远兮,吾将上下而求索"。屈原的伟大在于他高洁的人格,后世的志士仁人无不以屈原为精神高标而身体力行,从而绵延一种血脉,一种传统,一种人格,一种高贵的气象。

请大家一起谈谈,你们都怎么过端午节,端午节又表现了中国人什么样的精神?

案例总结:端午节实际上代表中国人的精神追求、价值追求、道德追求。从中国的节日来看,向来就有缅怀先贤的传统,通过对先贤的纪念延续自己的文化传统,树立自己的文化价值观,规范自己的行为方式。

◎课程内容：

一、崇尚精神是中华民族的优秀传统

提问：寒食节、清明节有什么关联，你们知道具体是哪一天吗？

PPT展示案例：

寒食节是中国的传统节日，在冬至后的105日，清明节前一二日。禁烟火，只吃冷食。并在后世的发展中逐渐增加了祭扫、踏青、秋千、蹴鞠、牵勾、斗鸡等风俗，寒食节绵延2000余年，曾被称为中国民间第一大祭日。

传说春秋时期，晋文公重耳流亡期间，介子推曾经割股为他充饥。晋文公归国为君侯，分封群臣，独介子推不愿受赏，携老母隐居于绵山。后来晋文公亲自到绵山恭请介子推，介子推不愿为官，躲避山里。晋文公手下放火焚山，原意是想逼介子推露面，结果，介子推抱着母亲被烧死在一棵大柳树下。晋文公痛惜不已，将其葬于绵山，修祠立庙，并下令在介子推死难之日禁火寒食，以寄哀思，这就是"寒食节"的由来。

从春秋时期至今，寒食节已有2600多年的历史，故事发生地中国山西将寒食节定为清明前一天，这一天吃冷食、祭祀、踏青等习俗也一直流传下来并为全国所接受。伴随着岁月的流逝，寒食节静静地融入了清明节，但寒食节所代表的人们对忠诚、廉洁、政治清明的赞许，是千年如一的。

案例总结：中华民族崇尚精神的优秀传统，既表现为对物质生活与精神生活相互关系的独到理解，也表现为对理想的不懈追求，亦表现为对品格养成的重视。介子推把对理想人格的追求做到了极致，反映出了中国古人崇尚精神的传统。中国古人塑造出了独特的精神气质和精神品格，形成了中华民族崇尚精神的优秀传统。

二、中国精神的丰富内涵

(一)民族精神

一个民族在长期共同生活和社会实践中形成的，为本民族大多数成员所认同的价值取向、思维方式、道德规范、精神气质的总和称为民族精神。

(二)伟大民族精神概括为"四个伟大精神"

伟大创造精神、伟大奋斗精神、伟大团结精神、伟大梦想精神。

重点讲解其中的伟大创造精神。

给学生展示甲骨文的图片,让学生说一说自己的认识。

讲解:甲骨文是商、周时期刻在龟甲和兽骨上的文字,又叫"契文""卜辞""龟甲文字""殷墟文字"。甲骨文最早出土于河南安阳小屯村的殷墟,是中国已发现的古代文字中时代最早、体系较为完整的文字。1899年被金石学家王襄、王懿荣首次发现。1928年后经多次发掘,先后出土达十几万片。这些文字都是商朝利用龟甲兽骨占卜吉凶时写下的卜辞和与占卜有关的记事文字,为盘庚迁殷到纣亡200多年间的遗物,是研究商朝社会历史的重要资料。现已发现的甲骨文单字在4500字左右,可认识的约2000个。这足以让我们明白其中的意思了。这些甲骨文所记载的内容极为丰富,涉及商代社会生活的诸多方面,包括政治、军事、文化、社会习俗、天文、历法、医药等。汉字是我们中华的基因。跨越3000多年,我们依旧能读懂商王朝的心意,也是因为文字。我们之所以能了解跨越几千年的人们是如何生活的,是因为我们有着共同的文字。中华文明的历史能源远流长从未断流,文字功不可没。

所以,甲骨文是中国古人的伟大创造。

提问:大家可曾想过,我们今天在电脑中输入的汉字,它们是怎么进入电脑的?

讲解:现在我们能在电脑中流畅地打出汉字来传情达意,你们是否知道最初的电脑不能识别中文。我们的汉字遭遇过一次重大的危机。1946年,世界上第一台计算机在美国诞生。但是汉字没有办法在计算机中显示。有一位外国的专家在国际会议上公开宣称,只有拼音才能够救中国,计算机将成为方块汉字的掘墓人。怎么办呢?计算机的时代里,汉字遇到的这些问题,其实是世界范围内,所有表意文字的共同挑战。虽然表意文字在文化传播、信息量等方面有着得天独厚的优势,但在人类社会进入信息时代之前,在表达效率上,始终跟不上以拉丁字母为代表的表音文字。中文打字机一言难尽的打字速度就是一个典型的体现。一代又一代有远见、胸怀天下的中国人为汉字以中文的输入方式进入计算机进行了艰苦的研究。像我们的标准字体黑、宋、仿宋、楷都是一笔一画画出来的。一种字体需要由七八千个字的量组成,需要写好之后人工转换成坐标的参数,输入计算机,以当时的电脑存储条件来看,我们这么多的汉字根本装不进去,这个问题是阻碍汉字进入计算机的关键。所以还得再钻研,再创造,必须把汉字中的笔画写成坐标,转换为计算机能识别的二进制数码再输入计算机。这样计算机就可以识别了。在这个过程中工作量巨大,可想而知当时花费了多少心血和精力。当代中国人展现了自己的智慧和创造,最终完成了工作。这也是我们当代中国人的伟大创造。

案例总结:除了汉字,中国古代创造璀璨夺目,令中国骄傲。有被誉为"世界第八大奇迹"的秦始皇陵兵马俑;有中国古代的四大发明——造纸术、印刷术、指南针和火药。

中国人的创新精神还在前所未有地迸发出来。变革创新是推动人类社会向前发展的根本动力。谁排斥变革,谁拒绝创新,谁就会落后于时代,谁就会被历史淘汰。创新决胜未来,改革关乎国运。

三、中国共产党是中国精神的忠实继承者和坚定弘扬者

(一)伟大建党精神是中国共产党的精神之源

在庆祝中国共产党成立100周年大会上,习近平精辟概括伟大建党精神的深刻内涵,指出:"一百年前,中国共产党的先驱们创建了中国共产党,形成了坚持真理、坚守理想,践行初心、担当使命,不怕牺牲、英勇斗争,对党忠诚、不负人民的伟大建党精神,这是中国共产党的精神之源。"

讲解以下四点:坚持真理、坚守理想,践行初心、担当使命,不怕牺牲、英勇斗争,对党忠诚、不负人民。

(二)中国共产党人的精神谱系

讲解:理想信念是中国共产党人的精神之"钙",党的精神谱系是中国共产党人之"魂"。

用图片展示党的精神谱系中的基础内容。通过图片明确,中国共产党人的精神谱系,犹如鲜活生动的历史链条,把中国共产党的伟大精神串接起来,展示出来。在百余年的非凡奋斗历程中,一代又一代中国共产党人顽强拼搏、不懈

奋斗,涌现了一大批视死如归的革命烈士、一大批顽强奋斗的英雄人物、一大批忘我奉献的先进模范,形成了井冈山精神、长征精神、遵义会议精神、延安精神、西柏坡精神、红岩精神、抗美援朝精神、"两弹一星"精神、特区精神、抗洪精神、抗震救灾精神、抗疫精神、脱贫攻坚精神等伟大精神,构筑起了中国共产党人的精神谱系。

提问:分别谈谈对这些精神的理解和感受。

井冈山精神:我们会想到星星之火可以燎原的景象,甚至想到毛泽东在八角楼的灯光和朱德的那根扁担,等等。

四、实现中国梦必须弘扬中国精神

(一)凝聚兴国强国的磅礴伟力

"全面建成社会主义现代化强国,人民是决定性力量。"在十四届全国人大一次会议闭幕会上,中共中央总书记、国家主席、中央军委主席习近平强调,我们要始终坚持人民至上。深情话语饱含一位大党大国领袖始终不渝的人民情怀,映照出百年大党始终把人民放在心中最高位置的赤子之心。

在中国共产党人心中,"人民"二字重若千钧。党的十八大以来,习近平总书记提出以人民为中心的发展思想,作出一系列重要论述。在党的二十大报告中要求"维护人民根本利益,增进民生福祉,不断实现发展为了人民、发展依靠人民、发展成果由人民共享,让现代化建设成果更多更公平惠及全体人民";在二十届中共中央政治局常委同中外记者见面时强调"新征程上,我们要始终坚持一切为了人民、一切依靠人民";在参加十四届全国人大一次会议江苏代表团审议时指出"人民幸福安康是推动高质量发展的最终目的"……人心是最大的政治。正是因为中国共产党人始终坚持人民至上,中国共产党赢得了人民群众的信任、拥护和支持,依靠人民交出了一份又一份载入史册的答卷。必须始终与人民同呼吸、共命运、心连心,想人民之所想,行人民之所嘱,不断凝聚14亿多中国人民团结奋斗的伟力。

(二)弘扬以爱国主义为核心的民族精神

民族精神是一个民族在长期的共同生活和社会实践中形成的,为本民族大多数成员所认同的价值取向、思维方式、道德规范、精神气质的综合,是一个民族赖以生存和发展的精神支柱。

近代以后,中华民族遭受的苦难之重、付出的牺牲之大,在世界历史上都是罕见的。但是,中国人民从不屈服,不断奋起抗争,终于掌握了自己的命运,开始了建设自己国家的伟大进程,充分展示了以爱国主义为核心的伟大民族精神。爱国主义的基本内涵主要表现在四个方面。

1.爱祖国的大好河山。

提问:你想去祖国哪里旅游走走看看?请描述它美在哪里。

例如:呼伦贝尔大草原在祖国雄鸡形版图上方。草原犹如一幅巨大的绿色画卷,无边无际。每逢盛夏,草原上鸟语花香、空气清新,星星点点的蒙古包上升起缕缕炊烟,微风吹来,牧草飘动,处处"风吹草低见牛羊"的景色。远处蔚蓝天空下涌动着金色的麦浪,微风带着收获的味道吹向脸庞……

总结:祖国的河山在人们的心中占据着至高无上的地位,祖国的大好河山,不只是自然风光,还是主权、财富、民族发展和进步的基本载体。

2.爱自己的骨肉同胞。

要热爱自己的骨肉同胞,热爱自己的人民,把民族的利益、人民的利益,整体的利益、长远的利益放在高于一切的位置,心中时时想着人民,与自己的骨肉同胞、人民群众同呼吸,共患难,特别是领导干部更应该做到这一点。"民为邦本",没有人民的祖国是不存在的,离开人民谈爱国是不切实际、毫无意义的。

历史证明:所有爱国者都热爱自己的人民。我国古代尚且有许多忧国忧民、"为民请命"的爱国者,以"为人民服务"为宗旨的无产阶级爱国者,更应该做到毛泽东高度赞扬鲁迅先生时所提倡的"横眉冷对千夫指,俯首甘为孺子牛"精神,以鲁迅为榜样,做无产阶级和人民大众的"牛",鞠躬尽瘁,死而后已。邓小平也曾动情地说:"我是中国人民的儿子,我深情地爱着我的祖国和人民。"

3.爱祖国的灿烂文化。

我们要树立民族文化自豪感,要有文化自信。"文化自信,是更基础、更广泛、更深厚的自信",是中华民族千百年传承的理念。

举例:我国古代文化璀璨夺目,光彩照人,是人类文化宝库的重要组成部分。战国时期的《甘石星经》是世界首部天文学著作;秦始皇陵兵马俑被誉为"世界第八大奇迹"……文化是一个国家、一个民族的灵魂,是一个国家民族得以延续的精神基因,是涵养民族心理、民族个性、民族精神的摇篮,是民族凝聚力的重要基础。爱祖国的灿烂文化,体现为对祖国优秀历史文化传统的认同和尊重、传承和发扬。

4. 爱自己的国家。

祖国的大好河山,自己的骨肉同胞,民族的灿烂文化,是同具体的国家相联系的。爱祖国就要心系国家的前途和命运,就要把国家和人民的利益摆在首位,为祖国的独立和富强,为人民的解放和幸福贡献力量。爱自己的国家,不管到了哪里,不管在哪个国家工作、生活,都不要忘记生我养我的祖国,不要忘记自己的根在哪儿。

PPT展示案例:《课堂上的交锋》

一位原为记者的中国留学生,赴法国巴黎读大学,上第一堂对话课时就受到了教授的"挑战"。

教授:"作为记者,请概括一下你在中国是如何工作的。"

留学生:"概括来讲,我可以写我愿意讲的东西。"

教授精心设计了一个陷阱:"我可以知道您来自哪个中国吗?"

"先生,我没听清楚您的问题。"

"我是想知道,您是来自台湾中国还是北京中国。"

霎时,全班几十双不同颜色的眼睛一齐扫向了中国留学生和一位台湾同学。中国留学生沉静地说:"只有一个中国,教授先生,这是常识。"随后,那位台湾同学在教授和同学们的注视下也重复一遍说:"只有一个中国,教授先生,这是常识。"

教授似乎不甘心,提出一个更大难度的问题:"我实在愿意请教,中国富强的标志是什么,这儿坐了二十几个国家的学生,我想大家都有兴趣弄清楚这一点。"

中国留学生站起来,严肃地说:"最起码的一条是,任何一个离开祖国的我的同胞,再不会受到像我今日承受的这类刁难。"

教授离开了讲台走向中国留学生,一只手放到他的肩上,轻轻地说:"我丝毫没有刁难你的意思。我只是想知道,一个普通的中国人是如何看待他们自己国家的问题的。"

然后,他大步走到教室中央大声宣布:"我向中国人脱帽致敬。"

案例总结：这个世界对中国的评价就是从我们自己的表现得来的。只有我们自尊、自强，并且深深地热爱自己的国家，才能赢得世界人民对中国和中国人民的尊重。

(三)弘扬以改革创新为核心的时代精神

时代精神是一个国家和民族在新的历史条件下形成和发展的，体现民族特质并顺应时代潮流的思想观念、价值取向、精神风貌和社会风尚的总和。改革开放以来，党带领人民在继承和弘扬伟大民族精神的基础上，立足新的时代条件，形成了以改革创新为核心的时代精神。

举例：改革开放进程中涌现的一系列时代楷模和榜样群体，生动展示了当代中国的时代精神。"雕刻火药的大国工匠"徐立平，"当代愚公"黄大发，践行"只要生命不结束，服务人民不停止"诺言的杨善洲，练就了"无声响操作"等绝活的许振超，对党忠诚、心系群众、忘我工作、无私奉献的县委书记廖俊波，爱生如子、甘做学生成长引路人的高校教师曲建武……这些时代楷模，在各自的岗位上心怀大我、至诚报国，书写了当代中国最美的时代华章。

◎ **课程小结：**

中华民族在历史文化中孕育了中国精神，中国精神的内涵主要包括伟大创造精神、伟大奋斗精神、伟大团结精神、伟大梦想精神。伟大建党精神是中国共产党的精神之源。以爱国主义为核心的民族精神和以改革创新为核心的时代精神，都是中国精神的重要组成部分。爱国主义的基本内涵有：爱祖国的大好河山、爱自己的骨肉同胞、爱祖国的灿烂文化、爱自己的国家。

第二节　做新时代的忠诚爱国者

◎ **课程导入：**

播放视频：《新中国成立70周年阅兵式》。

2019年10月1日，新中国成立70周年阅兵式在北京举行。从受阅方(梯)队到武器装备，阅兵现场亮点颇多，有着诸多"首次"，记录着中国强军兴军足迹,也成为外界观察当今中国的一个重要窗口。在此次国庆阅兵场上,党旗、国旗、军旗迎风招展。中共中央总书记、国家主席、中央军委主席习近平来到三面旗帜前停车肃立,向旗帜行注目礼。分列式上,仪仗方队走在徒步方队最前方,三位擎旗手高举旗帜通过天安门,引领受阅部队接受检阅,这是三面旗帜首次同时在国庆阅兵中通过天安门。

提问:请同学们说说三面旗帜排列的顺序是怎样的,为什么这样排列。

案例总结:党旗行进在最前方,表示坚决捍卫党对军队的绝对领导。党旗在前,国旗在后,代表先有中国共产党后才有了新中国,没有共产党就没有新中国。

◎课程内容:
一、坚持爱国爱党爱社会主义相统一

新中国是中国共产党领导的社会主义国家,祖国的命运和党的命运、社会主义的命运密不可分。当代中国,爱国主义的本质就是坚持爱国和爱党、爱社会主义高度统一。

何为"忠"?"忠"字可以认为是"忠贞不贰"。

广义的"忠"是指对发誓对象(国家、人民、事业)、朋友、爱人、亲人等真心真意,尽心尽力,没有二心。

提问:如何理解一个中国原则?

讲解:在国际上代表中国的只能是中华人民共和国。做忠诚的爱国者首先要维护和推进祖国的统一,坚持一个中国原则。

近代中国,无数次以拯救中华为主题的爱国运动,从太平天国到辛亥革命,从实业救国、科学救国到试图向西方学习走资本主义道路,都以失败而告终。其原因是这些行动缺乏正确的政治方向。只有把爱国主义引入社会主义发展道路,爱国主义所追求的富民强国的理想才能得以实现。但是我们不会忘记,中国是以怎样的境况迈入20世纪的。当1900年元旦来临的时候,北京的大街小巷布满了八国联军,而他们并不是来恭贺新年的;毛泽东同志最清楚中华民族近百年来的惨痛史,1963年曾经写道,我国从19世纪40年代起到20世纪40年代中期,共计105年时间,全世界几乎一切大中小国家都侵略过我国,都打过我们，社会主义制度的建立才结束了国家一盘散沙、四分五裂、任人宰割的局面，才从根本上改变了中华民族的命运。正是由于大规模的经济建设，才极大地增强了我国的综合国力，提高了我国的国际地位，使我们在严峻复杂的国际斗争中砥柱中流，巍然屹立于世界的东方。所以，爱国主义与社会主义在基本内容、根本目标上是一致的，两者都把维护国家的独立、统一和强盛作为自己的基本内容和根本目标。

我们爱的"国"是中国共产党领导的社会主义中国。拥护国家的基本制度，遵守国家的宪法法律，维护国家安全和统一，捍卫国家的利益，为国家繁荣发展贡献自己的力量，是爱国主义的基本要求。在现阶段，爱国主义主要表现为在中国共产党领导下，献身于建设新时代中国特色社会主义伟大事业，献身于实现中华民族伟大复兴的中国梦的实践，献身于促进祖国统一大业。

爱国爱党爱社会主义统一于实现中华民族伟大复兴的历史进程。在不同历史条件下所形成的爱国主义具有不同的内涵和特点。爱国，不能停留在口号上，而是要把自己的理想同祖国的前途、民族的命运紧密联系在一起。新时代大学生不仅要在认识上深刻理解爱国爱党爱社会主义的高度统一，更要以实际行动体现对祖国的热爱、对党的热爱、对社会主义的热爱。扎根人民，奉献国家，以一生的真情投入、一辈子的顽强奋斗来践行爱国主义。

二、维护祖国统一和民族团结

(一)维护和推进祖国统一

香港、澳门顺利回归，是世界上和平解决类似争端的典范。"一国两制"是中国特色社会主义的伟大创举，是香港、澳门回归后保持长期繁荣稳定的最佳制度安排，必须长期坚持。要始终准确把握"一国"和"两制"的关系。"一国"是根，根深才能叶茂；"一国"是本，本固才能枝荣。要全面准确、坚定不移贯彻"一国两制""港人治港""澳人治澳"高度自治的方针，坚持依法治港治澳，维护宪法和基本法确定的特别行政区宪制秩序。坚持和完善"一国两制"制度体系，落实中央全面管治权，落实"爱国者治港""爱国者治澳"原则，落实特别行政区维护国家安全的法律制度和执行机制。推进粤港澳大湾区建设，支持香港、澳门更好融入国家发展大局，为实现中华民族伟大复兴更好发挥作用。

解决台湾问题、实现祖国完全统一,是党矢志不渝的历史任务,是全体中华儿女的共同愿望,是实现中华民族伟大复兴的必然要求。要坚持贯彻新时代党解决台湾问题的总体方略,牢牢把握两岸关系主导权和主动权,坚定不移推进祖国统一大业。

爱国主义与拥护祖国统一的一致性不仅是对生活在中国大陆的中国公民的要求,而且是对全体中华儿女包括港澳台同胞以及海外侨胞的基本要求。在中华民族的爱国主义发展史上,维护祖国统一,反对祖国分裂是中华儿女爱国情怀的重要体现,也是对国家主权、领土完整及民族感情的认同。

(二)促进民族团结

提问:为什么说一部中国史,就是一部各民族交融汇聚成多元一体中华民族的历史,就是各民族共同缔造、发展、巩固统一的伟大祖国的历史?

讲解:多民族是我国的一大特色,各民族共同开拓了祖国的锦绣河山、广袤疆域,共同创造了悠久的中国历史、灿烂的中华文化,造就了我国各民族在分布上的交错杂居、文化上的兼收并蓄、经济上的相互依存、情感上的相互亲近,形成了你中有我、我中有你,谁也离不开谁的多元一体格局。处理好民族问题、促进民族团结,是关系祖国统一和边疆巩固的大事,是关系民族团结和社会稳定的大事,是关系国家长治久安和中华民族繁荣昌盛的大事。

三、尊重和传承中华民族历史文化

(一)历史文化是民族生生不息的丰厚滋养

提问:你了解故宫吗?请分享你找到的故宫图片,并说明你为什么选择这张图片。故宫中还有哪些色彩?体现了我们什么样的传统文化?

讲解:历史文化是民族生生不息的丰厚滋养,我们必须尊重和传承中华民族历史文化,以时代精神激活中华优秀传统文化的生命力,不断推进中华优秀传统文化创造性转化和创新性发展。中国有着许多优秀传统文化,例如汉服、京剧、茶艺等。中国古典美中传统的色彩在故宫这样的场所里,极致地展现了让人惊叹的色彩美学。

首先,故宫建筑之美。故宫的建筑风格独特、雄浑、庄重、唯美,是中国传统古建筑的代表之一。其黄色琉璃瓦配以红墙构成的外观,彰显着尊贵、庄重的皇家气派;而内部则有精雕细琢的实木榫卯结构、饰以金漆和彩画的屏风门窗、壁画和龙椅等,将中国传统文化和艺术的精华展现得淋漓尽致。

其次,故宫文物之美。故宫珍藏着众多稀世珍宝,这些文物反映了中国古代社会的政治、经济、文化等多个方面,展示了中华文化的博大精深。例如清代御用珐琅彩釉瓷器、嵌宝玉器、金银器、玻璃器、漆器、刺绣等文物,都是中国古代工艺美术的代表作品。

最后,故宫的园林之美。故宫的园林景观也是其美的重要组成部分。颐和园、景山公园、北海公园等皇家园林,以其独特的设计和精致的景观,形成了自然与人文的完美融合。

综上所述,故宫之美在于其独特、雄浑、庄重、唯美的建筑风格,珍贵的文物收藏和优美精致的园林景观,这些元素共同确定了故宫是中国传统文化和艺术的杰出代表,是人类文明的瑰宝。

故宫属于文化遗产,文化遗产是一个国家和民族历史文化成就的重要标志。故宫还有鲜明的民族性。中华民族历史文化是维系民族生存和发展的精神纽带,保护故宫,有利于增强中华儿女的民族认同感、凝聚力和向心力。继承是发展的必要前提,保护故宫,有利于继承中华民族历史文化,激发全国人民对中华文化的认同感。作为青少年我们还要将中华民族历史文化传承下去。

(二)旗帜鲜明反对历史虚无主义

提问:2015年,新华社推出系列报道《为英雄正名》的意义何在?

讲解:2015年,新华社推出系列报道《为英雄正名》,通过寻访英雄的生前战友、朋友、亲属,获取确凿的证人、证言和证据,为近年来屡遭恶意抹黑的邱少云、黄继光、董存瑞、刘胡兰等英雄人物正名,起到了正视听、明是非、服人心的作用,有效地引导了社会舆论。

我们要旗帜鲜明地反对历史虚无主义。抛弃传统、丢掉根本,就等于割断了自己的精神命脉。历史和现实都表明,一个抛弃了或者背叛了自己历史文化的民族,不仅不可能发展起来,而且很可能上演一场历史悲剧。我们不是历史虚无主义者,也不是文化虚无主义者,不能数典忘祖、妄自菲薄。祖国是人民最坚实的依靠,英雄是民族最闪亮的坐标。我们要对中华民族的英雄心怀崇敬,自觉传承好中华民族辉煌灿烂的历史文化。

四、坚持立足中国又面向世界

提问：在经济全球化的今天如何谈爱国？

讲解：维护国家发展主体性。自觉维护国家安全。推动构建人类命运共同体。

PPT展示案例：

从默默无闻的小渔村启航，到具有世界影响力的高层次对话平台，20多年来，博鳌亚洲论坛在凝聚亚洲共识、促进各方合作、推进经济全球化、推动构建人类命运共同体等方面作出了积极贡献。

一路走来，博鳌亚洲论坛从小到大，"博鳌声音"由弱到强，成为立足亚洲、面向世界的具有影响力的全球性交流平台。

相通则共进，相闭则各退。20多年同舟共济，博鳌见证了亚洲共识的凝聚、亚洲合作的深化和亚洲影响力的迅速提升。

作为亚洲首要的政商对话平台，亚洲的发展始终是论坛年会探讨的重要话题。历届年会中，与会各方深入分析当今世界面临的主要问题，增进了国际社会团结合作的共识，提出了促进世界经济复苏和可持续发展的建议主张。

面对世界百年未有之大变局，如何继往开来、提出新的"博鳌方案"？世界期待中国声音。

11年前，国家主席习近平首次提出人类命运共同体的重要理念，此后又在包括博鳌亚洲论坛在内的诸多国际场合，深刻阐明了构建人类命运共同体的中国主张，进一步提出全球发展倡议、全球安全倡议、全球文明倡议，为全球发展与治理提供了中国方案。

人类命运共同体理念，已经成为引领时代潮流和人类进步的旗帜，成为推动世界持久和平、共同繁荣确定性力量的源泉。博鳌亚洲论坛，也从发出亚洲声音，转向为构建人类命运共同体凝聚共识的重要平台，为世界发展贡献"中国智慧""博鳌方案"。

[陈彬.《海南日报》,2024-03-25(04),有改动]

提问："博鳌声音"是如何由弱到强，成为立足亚洲、面向世界的具有影响力的全球性交流平台的?

总结:20多年来,博鳌亚洲论坛在区域经济一体化建设、帮助亚洲国家实现发展目标上,取得很大进展。论坛立足亚洲,从亚洲的利益和观点出发,研究亚洲地区经济和社会发展领域的一些重大问题;同时又着眼全球,在将亚洲会员作为基础会员的同时,吸纳全球其他地区的会员。从维护国家发展主体性,自觉维护国家安全出发,推动构建人类命运共同体。

◎课程小结:

大学生全面理解爱国主义的基本内涵,科学把握新时代弘扬爱国主义精神的主要内容,把自己的理想同祖国的前途、把自己的人生同民族的命运紧密联系在一起,做新时代的忠诚爱国者。了解并尊重和传承中华民族历史文化,立足中国又面向世界,做坚定不移的爱国者。

第三节　让改革创新成为青春远航的动力

◎课程导入:

学唱《春天的故事》并对歌词进行讲解。

讲解:这首歌中的两个时间点,一是1979年,建立第一个经济特区深圳;二是1992年,南方谈话后又建立了四个经济特区。"有一个老人"指的是邓小平,他被称为中国改革开放和现代化建设的总设计师。

◎课程内容:

一、改革开放是当代中国的显著特征

提问:是什么使中华文明成为人类历史上唯一一个绵延5000多年至今未曾中断的灿烂文明?

讲解:变革和开放总体上是中国的历史常态。正是这种变革和开放精神,使中华文明成为人类历史上唯一一个绵延5000多年至今未曾中断的灿烂文明。

新时代,中华民族正在以改革开放的姿态继续走向未来。改革开放是当代中国最鲜明的特色。改革开放是党在新的历史条件下领导人民进行的新的伟

大革命,是决定当代中国命运的关键抉择。以党的十一届三中全会为标志,我国开启了改革开放的历史征程。从农村到城市,从试点到推广,从经济体制改革到全面深化改革,40多年众志成城,40多年砥砺奋进,中国人民用双手书写了国家和民族发展的壮丽史诗。实践充分证明,改革开放是当代中国发展进步的活力之源,它只有进行时,没有完成时。改革不停顿、开放不止步,中国一定会有让世界刮目相看的新的更大的奇迹!

大学生富有想象力和创造力,是改革创新的主力军。改革开放创造的奇迹不是天上掉下来的,而是来自中国共产党和中国人民的理论创新、实践创新、制度创新、文化创新以及各方面创新。要用深邃的历史眼光、宽广的国际视野把握事物发展的本质和内在联系,立足亿万人民的创造性实践,借鉴吸收人类一切优秀文明成果,以前所未有的积极性、主动性、创造性推进改革开放和社会主义现代化建设。

二、改革创新是新时代的迫切要求

2016年5月30日,习近平在全国科技创新大会、两院院士大会、中国科协第九次全国代表大会上的讲话中指出,纵观人类发展历史,创新始终是一个国家、一个民族发展的重要力量,也始终是推动人类社会进步的重要力量。不创新不行,创新慢了也不行。如果我们不识变、不应变、不求变,就可能陷入战略被动,错失发展机遇,甚至错过整整一个时代。创新是推动人类社会发展的重要力量。大家可以就创新谈谈自己的感受。

讲解:第一,创新决胜未来,改革关乎国运。在当代中国,经济社会发展离不开改革创新。第二,创新是推动人类社会发展的重要力量。从某种意义上说,创新决定着世界政治经济力量对比的变化,也决定着各国各民族的前途命运。第三,创新能力是当今国际竞争新优势的集中体现。面对科技创新和产业革命新趋势,世界主要国家都在积极调整应对,努力寻找创新的突破口,抢占发展的先机,纷纷出台新的创新战略,加大投入,加强人才、专利、标准等战略性创新资源的争夺,创新战略竞争在综合国力竞争中的地位日益重要。第四,改革创新是赢得未来的必然要求。抓创新就是抓发展,谋创新就是谋未来。要坚持科技是第一生产力、人才是第一资源、创新是第一动力,深入实施科教兴国战略、人才强国战略、创新驱动发展战略,开辟发展新领域新赛道,不断塑造发展新动能新优势。

三、做改革创新的生力军

树立改革创新的自觉意识,增强改革创新的能力本领。

案例:寻找"三只松鼠"坚果这个品牌创立的特色。

小松鼠形象:松鼠是以坚果为食的,当用户有坚果食欲时看到松鼠,就很容易引起共鸣,共鸣是营销文化的精髓之一。

贴心文案:如"主人""小美为主人沏杯温暖的花茶""松鼠在身边,温暖您整个冬季",此类文案对用户而言是享受型的,用户能迅速感受到一种强大的关怀和贴心。"萌"是当下互联网吸引粉丝的法宝之一。三只松鼠的萌,并不只是简单的松鼠形象,而是一种文化。这种文化,从打开页面,到咨询客服,到收到包裹时刻都能让用户深深感受到。

"这次做三只松鼠,互联网上什么人传播最快?是学生和刚走上工作岗位的人,小恩小惠他们都会开心地发微博。这群18岁到24岁的人,接受新生事物能力强,参与感强,心里没有品牌,白纸一张。等这些人的品位拉升起来之后,产品价格也就理性回归了,让客户为满足感而付费。"

案例总结:口碑营销是最好的营销。公司需要有很好记的名字,要让人愿意为你传播,什么是大家喜欢,拟人化互动性强?章燎原认为没人会拒绝小动物,随后选择了松鼠。原来那三只松鼠还有名字,分别叫"松鼠小酷""松鼠小美""松鼠小贱"。在这个品牌创立的故事中,我们看到了在今天网络、电商满天的世界中,创新的重要。

◎课程小结:

改革创新是时代精神的核心,是当代中国最突出、最鲜明的特点。大学生富有想象力和创造力,是改革创新的主力军。

◎总结提高:

在以学生为主体、教师为主导的教学理念的指导下,通过课堂理论讲授、课堂活动、案例分析、课外实践等多种教学活动,以及课堂中的情感代入,让学生充分地与教学内容共情。学生对中国精神有了更深刻的认识,明确了中国精神谱系的重要性,对代表中国的元素有了更深刻的认识,同时也激发了学生的爱国热情。通过教师的讲解和案例分析,学生深刻地认识到实现中华民族伟大复兴的中国梦,必须大力弘扬中国精神。如何做一个忠诚的爱国者?当代大学生应该清楚地知道自己的使命与担当。学生在实践活动中也能团队协作,能力得到很大提升,有效地完成教学目标。学生对祖国的爱能够通过很多方式去表达,但在这个过程中个别学生也很迷茫,他们对如何具体地爱国,用什么方式去爱有所困惑。通过教师的课堂讲授和对案例的讲解分析,学生有了明确的思路,争做新时代的爱国青年。

第二部分
案例分析

案例一

「案例呈现」

伟大的创造精神

中国速度看中国高铁。截至2023年底,全国铁路营业里程达到15.9万公里,其中高铁4.5万公里。地方政府和社会资本投资铁路蓬勃发展,地方铁路营业里程达到2.4万公里。运输服务品质全面跃升,建成世界规模最大的铁路互联网售票系统,复兴号开行实现31个省份全覆盖。高速铁路运输是一种绿色的运输方式,是可以节能、环保,特别是对我们人口密度比较大的这样一个国家,我们客流量比较大,货运量也比较大,通过发展高速铁路来解决我们这些人流物流的速送的问题,是一个非常正确的选择。

中国高铁通过引进消化吸收再创新、自主研制和关键技术上的系统创新、在大量科学研究试验和运营经验积累的基础上再开展系列技术创新这三步台阶式的自主创新来实现跨越式发展,是落实科学发展观、加强自主创新能力、建设创新型国家的典范,对于其他行业打造自主创新品牌,开创"中国创造"的新时代具有良好的引领和示范作用。通过自主创新实现跨越式发展的中国高铁,正在积极地走向海外、造福世界。

延伸:观看视频《一分钟中国创造的力量》。

「思考讨论」

中国自古以来有非常多的创造,今天依然有很多的创造,你是怎么理解"中国创造"的?

「案例点评」

"中国创造"作为一个崭新的词语,已经渐渐代替"中国制造"而被世界广泛认知,它体现的不再是简单的体力劳动,而是更高层次的脑力创造活动,在世界上起到了越来越重要的作用。随着时代的发展,中国在世界上发挥着越来越重要的作用。中国创造的产品版权持有者是中国,由中国创新、发明。而中国制造的产品版权不属于中国,中国只是简单地生产和加工,所提供的是简单的劳动,而不是知识、智慧和脑力。中国创造,是新时代发展的迫切要求。

使用建议

讲解"伟大创造精神"时使用,让学生参与讨论以更加了解中国创造。

案例二

案例呈现

不同时期的爱国精神

以短片的方式介绍《我的1919》《建国大业》《庐山恋》《我和我的祖国》《最美逆行》等电影的基本内容。

《我的1919》:1919年,随着第一次世界大战结束,被战火蹂躏的欧洲尚未恢复元气,旨在解决战争遗留问题和奠定和平基础的巴黎和会准备召开,中国作为战胜国之一,派出了时任驻美公使、全权代表顾维钧等5人组成的代表团参加和会。影片以北洋政府的一名外交官——顾维钧作为第一主人公,通过他拒绝在出卖中国领土和主权的1919年的巴黎和约上签字的故事,讴歌了以弱抗强、威武不屈的中国人的扬眉吐气的精神。《我的1919》彰显了爱国主义,弘扬了主旋律,同时也揭示了"弱国无外交"这样一条真理。

《建国大业》:该片是庆祝中华人民共和国成立60周年的献礼片,讲述了从抗日战争结束到1949年中华人民共和国建立发生的一系列故事。1945年,第二次世界大战宣告结束。同年8月,毛泽东应邀从延安飞往重庆,与蒋介石进行和平谈判,签署了《双十协定》。但国民党违背全国人民迫切要求休养生息、和平建国的愿望,悍然撕毁《双十协定》,并对中原解放区发起进攻。1946年7月,闻一多惨遭国民党杀害,这引起了全国人民的不满。1948年5月,国民党单方面召开非法的国民大会。同年,中国共产党在河北保定发表了《五一宣言》,宣告打倒国民党反动派,迅速召开政治协商会议,讨论并实现召集人民代表大会,成立民主联合政府。在此期间,国民党内部贪腐频生,东北战线告急,自此,反对民主统一战线不断发展壮大,战场局势逐渐明朗。1949年9月21日,中国人民政治协商会议第一届全体会议在北京隆重召开。1949年10月1日,开国大典召开,中华人民共和国成立。

《庐山恋》:该片以中美建交后为背景,讲述了国民党将军周振武的女儿周筠和有志青年耿桦在庐山相遇,两人一见钟情并展开了一段浪漫而动人的爱情的故事。影片以周筠和耿桦的爱情为叙事主线,不仅展现了庐山的秀丽风光,同时也表达了当时中国青年纯洁而含蓄的情感向往,被誉为新中国"纯美"电影的代表作之一。《庐山恋》寄托着整整一代人的爱情旗帜与情怀,是中国电影史上的传奇。

《我和我的祖国》:该片回溯新中国成立70载,讲述普通人与国家紧密相连的感人故事,用7个历史瞬间映射出新中国成立70周年的发展历程,展现普通人与国家休戚与共、同心同力的联系。《我和我的祖国》不仅是一部在国庆节档期再现70年共和国风雨历程的献礼片,也是代表个体"你""我"写给祖国的一封情书,是全体华人于镜像中代入自我心路历程,对祖国的一次深情表白。

《最美逆行》:影片采用纪实及艺术创作等拍摄手法,真实还原抗疫时期发生在广州、武汉等地的一些真实故事,赞美了中华民族面对困难坚强不屈、奉献互助的精神。

思考讨论

了解了《我的1919》《建国大业》《庐山恋》《我和我的祖国》《最美逆行》这五部电影的内容简介,哪一个最打动你?为什么?

案例点评

通过电影片段的展示,让学生感受到在不同时期的人们是如何对国家忠诚,如何爱自己的国家,学生受到爱国主义教育,从而激发热爱祖国,热爱中华民族,为伟大祖国而奋斗的情感。

使用建议

讲解"坚持爱国爱党爱社会主义相统一"这个知识点时使用。

第三部分
实践环节

实践活动一

实践目的

通过观察运动会会徽、吉祥物、运动员队服、运动员成绩等,寻找其中的中国元素,体会在运动赛场上表现的中国精神。

从不同角度看运动会会徽、吉祥物和队服,从运动员的风采中,寻找体现的中国精神。

活动设计

学生分组观察运动会会徽和吉祥物,寻找中国元素。

第一组:1990年,中国首都北京成为亚运会主办城市,这是亚运会首次在中国举办。第11届亚运会会徽图案由代表亚奥理事会的太阳光芒和雄伟的长城图案组成的字母"A"共同构成。长城是中国古老文明的象征,"A"是英文 ASIA 的缩写,二者结合,代表在北京举行的亚洲运动会将成为联合亚洲各国人民的纽带。长城图案还构成"XI"字,表示本届亚运会是第11届。

第二组:2008年北京奥运会是我们国家第一次主办的奥运会。2008年第29届奥运会的吉祥物是福娃。其色彩与灵感来源于奥林匹克五环,来源于中国辽阔的山川大地、江河湖海和人们喜爱的动物形象。福娃向世界各地的人们传递友谊、和平、积极进取的精神及人与自然和谐相处的美好愿望。福娃是五个可爱的亲密小伙伴,他们的造型融入了鱼、大熊猫、奥林匹克圣火、藏羚羊以及沙燕风筝的形象。每个娃娃都有一个朗朗上口的名字:"贝贝"、"晶晶"、"欢欢"、"迎迎"和"妮妮"。当把五个娃娃的名字连在一起时,会读出北京对世界的盛情邀请"北京欢迎您"。本届奥运会运动员们共创造43项新世界纪录及132项新奥运纪录,共有87个国家和地区在赛事中取得奖牌,中国以51枚金牌居金牌榜首位,是奥运历史上首个登上金牌榜首的亚洲国家。

第三组:第32届夏季奥林匹克运动会于2021年在日本首都东京举行。因为新冠疫情延期一年举行,故又称2020年东京奥运会。东京奥运会中国体育代表团入场礼仪服装,是由北京服装学院设计团队以"开门红"为主题设计的系列礼仪服装。红色这样引人注目的颜色是首选,尤其红色还是中国国旗的主要色调,也是中国传统文化中能量、激情和欢乐的象征。在本届奥运会上,中国运动员苏炳添参加了男子100米、4×100米的项目。他在男子100米的半决赛中跑出了9秒83的好成绩,以半决赛第一的成绩闯入决赛并打破亚洲纪录,成为中国首位闯入奥运男子百米决赛的运动员。

第四组:2022年冬奥会的吉祥物名为冰墩墩,它以熊猫为原型进行设计创作,将熊猫形象与富有超能量的冰晶外壳相结合,体现了冬季冰雪运动和现代科技相结合的特点。冰墩墩的头部外壳造型取自冰雪运动头盔,装饰彩色光环,其灵感源自北京冬奥会的国家速滑馆——"冰丝带",流动的明亮色彩线条象征着冰雪运动的赛道和5G高科技。其左手掌心的心形图案,代表着主办国对全世界朋友的热情欢迎。整体形象酷似航天员,寓意创造非凡、探索未来,体现了追求卓越、引领时代,以及面向未来的无限可能。吉祥物的名字冰墩墩中,"冰"象征纯洁、坚强,是冬奥会的特点;"墩墩"则敦厚、健康、活泼、可爱,契合熊猫的整体形象,象征着冬奥会运动员强健的身体、坚忍的意志和鼓舞人心的奥林匹克精神。2022年冬奥会滑雪冠军谷爱凌,是中国历史上第一位奥运会自由滑雪金牌和奖牌得主。本届冬奥会谷爱凌取得了2金1银的绝佳成绩,几乎占据了中国奖牌总数的20%,贡献非常大。可以说,国家队能有如此成绩,谷爱凌功不可没。最终中国队跻身金牌榜第三名。

注意事项

1.分组时要注意每位学生的参与度。寻找的相关元素一定是有代表性的,学生可以先在学习通或是QQ群跟教师讨论。

2.注意控制发言的时间。

实践活动二

实践目的

学生对自己制作的手抄报进行讲解,包括最初设计的想法、收集素材的过程、制作手抄报,以及最后完成的情况。着重介绍手抄报想表达的意思,让学生认真体会不同时期的爱国表现和内涵。

活动设计

全班分组进行,教师提前安排,要求每组按不同主题完成手抄报。

第一组手抄报主题:1919年五四运动。

第二组手抄报主题:1949年新中国成立。

第三组手抄报主题:改革开放时期。

第四组手抄报主题:2008年奥运会。

第五组手抄报主题:今日中国。

注意事项

学生分组提前准备PPT,注意讲解时间的把控。完成手抄报时需要考虑整体设计、内容安排、图片绘画细节处理等。

第四部分 课后练习

一、单项选择题

1.活字印刷术的发明是印刷史上一次伟大的技术革命。北宋庆历年间毕昇发明的泥活字,标志着活字印刷术的诞生,比德国人约翰内斯·古腾堡的铅活字印刷术早约400年。上述材料描写了中华民族的( )。

A.伟大创造精神　　　　B.伟大奋斗精神

C.伟大团结精神　　　　D.伟大梦想精神

2.坚持立足中国又面向世界需要做到三点,维护国家发展主体性、自觉维护国家安全和( )。

A.推动构建人类命运共同体　　B.民族认同感

C.民族凝聚力　　　　　　　　D.民族向心力

3.( )作为兴国强国之魂,是实现中华民族伟大复兴不可或缺的精神支撑和精神动力。

A.民族精神　　B.时代精神　　C.中国精神　　D.创新精神

4."礼仪之邦""协和万邦""德莫大于和"等观念,深深地扎根于中华民族的传统之中。"亲仁善邻""讲信修睦"等,充分表现了中华民族在处理民族问题上的宽宏胸襟。联欧亚,开辟丝绸之路;通亚非,郑和七下西洋;历万难,玄奘印度取经;为传经,鉴真东渡扶桑……这些典型的事例充分体现了中华民族精神的( )。

A.团结统一　　B.爱好和平　　C.勤劳勇敢　　D.自强不息

5.把祖国和人民的利益放在首位,为祖国的独立和富强,为人民的解放和幸福贡献毕生精力,以此作为人生的最高价值,这是中国知识分子成长的正确道路。这强调的是( )。

A.一个人对社会的价值主要看他从社会中取得了什么

B.爱国主义是谱写壮丽人生的力量源泉

C.追求和实现理想是一个艰苦奋斗的过程

D.中华民族富于爱国主义的光荣传统

6.社会主义制度是中华人民共和国的根本制度,(　　)是中国特色社会主义最本质的特征。

A.为人民服务　　B.中国共产党的领导　　C.多党合作制　　D.民主党派

7."一国两制"的根本在于(　　)。

A.坚持台湾回归　　　　B.坚持香港回归

C.统一的一个中国　　　D.坚持澳门回归

8."一方水土养一方人""禾苗离土即死,国家无土难存"。每一个爱国者都会把"保我国土"、"爱我家乡"、维护祖国领土的完整和统一,作为自己的神圣使命和义不容辞的责任。它体现了爱国主义的基本要求是(　　)。

A.爱祖国的大好河山　　　B.爱自己的骨肉同胞

C.爱祖国的灿烂文化　　　D.爱自己的国家

9.时代精神是在新的历史条件下形成和发展的,是体现民族特质、顺应时代潮流的思想观念、行为方式、价值取向、精神风貌和社会风尚的总和。时代精神的核心在于(　　)。

A.爱国兴邦　　B.实事求是　　C.改革创新　　D.八荣八耻

10.邓小平曾经指出:"港澳、台湾、海外的爱国同胞,不能要求他们都拥护社会主义,但是至少也不能反对社会主义的新中国,否则怎么叫爱祖国呢?"这说明,在当代中国(　　)。

A.爱国主义与爱社会主义是一致的

B.爱国主义与拥护祖国统一是一致的

C.爱国主义与爱中国共产党是一致的

D.爱国主义与爱马克思主义是一致的

11.以下关于爱国主义与爱社会主义具有一致性的说法正确的是(　　)。

A.它主要是对中华人民共和国公民的基本要求

B.它是对全体中华儿女的基本要求

C.这是生活在祖国大陆的中国公民的必须坚持的立场和态度

D.它是对生活在祖国大陆的一切人的基本要求

12.新时期爱国主义的主题是(　　)。

A.推进改革开放

B.建立社会主义市场经济体制

C.实现中华民族伟大复兴的中国梦

D.实现社会主义现代化

13.( )是调节个人与祖国之间关系的道德要求、政治原则和法律规范,也是中华民族精神的核心。

A.爱国主义　　B.集体主义　　C.时代精神　　D.中国精神

14.爱国主义的调节对象是( )。

A.个人与世界之间的关系　　B.个人与民族之间的关系

C.个人与祖国之间的关系　　D.国家与国家之前的关系

15.( )常常被称为国家和民族的"胎记",是一个国家民族得以延续的"精神基因"。

A.大好河山　　B.文化传统　　C.骨肉同胞　　D.道德渊源

16.( )是中华民族最深沉的民族禀赋。

A.创新创造　　B.实事求是　　C.勤劳勇敢　　D.爱好和平

17.爱国主义在不同历史条件和文化背景下有着不同的内涵和特点,在新民主主义革命时期,爱国主义主要表现为致力于推翻帝国主义、封建主义和官僚资本主义的反动统治,把黑暗的旧中国改造成光明的新中国;在现阶段,爱国主义主要表现为献身于建设新时代中国特色社会主义伟大事业,献身于实现中华民族伟大复兴中国梦的实践,献身于促进祖国统一大业。这表明( )。

A.爱国主义是客观的,具体的

B.爱国主义是历史的,具体的

C.爱国主义是客观的,抽象的

D.爱国主义是主观的,现实的

18.当前我国国家安全的内涵和外延比历史上任何时候都要丰富,时空领域比历史上任何时候都要宽广,内外因素比历史上任何时候都要复杂,必须坚持总体国家安全观,坚持( ),以人民安全为主旨,以政治安全为根本,以经济安全为基础,以军事科技文化社会安全为保障,以促进国际安全为依托,走出一条中国特色国家安全道路。

A.国家利益至上　　B.爱国统一战线

C.人民利益至上　　D.为人民服务

19.以爱国主义为核心的民族精神和以改革创新为核心的时代精神,构成了( )的基本内容。

　　A.爱国主义　　B.两种精神　　C.人文精神　　D.中国精神

20.改革开放30多年来,党带领人民在继承和弘扬伟大民族精神的基础上,立足新的时代条件,赋予民族精神以新的时代内涵,形成了以( )为核心的时代精神。

　　A.爱国主义　　B.勤劳勇敢　　C.改革创新　　D.集体主义

二、多项选择题

1.中国精神作为兴国强国之魂,是实现中华民族伟大复兴不可或缺的精神支柱,中国精神的基本内容包括( )。

　　A.平等精神　　　　　B.以改革创新为核心的时代精神

　　C.集体主义精神　　　D.以爱国主义为核心的民族精神

2.民族精神是一个民族在长期共同生活和社会实践中形成的,为本民族大多数成员所认同的( )总和。

　　A.价值取向　　B.思维方式　　C.道德规范　　D.精神气质

3.以下关于中华民族精神的说法正确的是( )。

A.它的核心是爱国主义

B.它的核心是为人民服务

C.它是时代精神的依托,时代精神则是它的现实体现

D.它的基本内涵是团结统一、爱好和平、勤劳勇敢与自强不息

4.爱国主义的基本内涵有( )。

A.爱祖国的大好河山　　B.爱祖国的骨肉同胞

C.爱祖国的灿烂文化　　D.爱自己的国家

5.做坚定的爱国者,做新时期忠诚坚定的爱国者,下列做法正确的是( )。

A.促进民族团结

B.维护和推进祖国统一

C.全部接受中国古代的传统文化和道德

D.增强国家安全意识

6.在经济全球化条件下大力弘扬爱国主义,我们必须做到( )。

A.以宽广的眼界观察世界

B.在政治、经济、文化各个方面与资本主义国家划清界限

C.以积极而理性的姿态参与经济全球化进程

D.实施互利共赢的开放战略,促进国家更快更好的发展

7.如何坚持立足中国又面向世界?(　　)。

A.维护国家发展主体性　　B.坚持向西方国家学习

C.自觉维护国家安全　　　D.推动构建人类命运共同体

8.中国精神的内涵主要包括(　　)。

A.伟大创造精神　　　　　B.伟大奋斗精神

C.伟大团结精神　　　　　D.伟大梦想精神

9.爱国主义体现了人们对自己祖国的深厚感情,揭示了个人对祖国的依存关系,是人们对自己家园以及民族和文化的归属感、认同感、尊严感与荣誉感的统一。在我国,爱国主义(　　)。

A.是道德要求　　　　　　B.是法律规范

C.是中华民族精神的核心　D.是政治原则

10.维护和推进祖国统一应该做到(　　)。

A.我们要始终坚持一个中国原则

B.我们要持续推进两岸交流合作

C.我们要努力促进两岸同胞团结奋斗

D.我们要坚决反对"台独"分裂图谋

三、辨析题

1.中国民族精神的核心是团结一致。

2.爱祖国的大好河山只是爱美丽的自然风光。

3.我们爱的"国"是中国共产党领导的社会主义中国。

四、论述题

1.阐述爱国主义的基本内涵。

2.为什么说爱国主义是中华民族精神的核心?

五、材料分析题

材料分析题一：

都江堰作为世界知名的水利工程，对于国人来说耳熟能详。但是，只有到了都江堰，实地目睹了这一浩大工程，才会不禁感叹，先人对水利工程的奇思妙想与天人合一的生态伦理观远远超过了我们的想象。

水利工程在消除水灾、缓解旱情、调蓄和配置水资源等方面发挥着重要作用，给人类社会带来了巨大的经济与社会效益。但是，水利工程的修建毕竟是人类对大自然的改造，在建设过程中必然会涉及地貌改造，从而给自然生态带来一定影响。

《史记·河渠书》记载："蜀守冰凿离碓，辟沫水之害，穿二江成都之中。此渠皆可行舟，有余则用溉浸，百姓飨其利。"李冰父子巧妙地利用岷江出山口处的特殊地形，在恰当的位置作堰，利用高低落差，顺应自然规律，在生产工具和施工技术比较落后的情况下，利用热胀冷缩的原理，凿离碓，劈开玉垒山，穿"二江"（郫江、检江，即今走马河、柏条河）。

请结合材料分析中国精神的内涵。

材料分析题二：

1950年，数学家华罗庚放弃在美国的终身教授职务，奔向祖国。归途中，他写了一封致留美学生的公开信，信中说："为了抉择真理，我们应当回去；为了国家民族，我们应当回去；为了为人民服务，我们也应当回去；就是为了个人出路，也应当早日回去，建立我们工作的基础，为我们伟大祖国的建设和发展而奋斗！"回国后，华罗庚进行应用数学的研究，到工厂、农村、部队、学校，足迹几乎遍布全国各省区，用数学解决了大量生产、科研中的实际问题，在国际国内享有盛誉，被称为"人民的数学家"。

1979年，华罗庚应邀去英国讲学，题目是"为百万人的数学"。宣传海报贴在街头，连饭馆老板都关心这次演讲。伦敦数学学会秘书长在写给华罗庚的信中说："我只能期望我们的数学界能把您的榜样铭记在心，而去做些实际成绩来。"在这次讲学途中，一位外国朋友问他："华教授，您一定成了百万富翁了！"他以为应用数学是门赚大钱的买卖。华罗庚笑着回答："我的确很富有，我在这十多年里获得了巨大的前所未有的精神财富。"在英国伯明翰大学,一位风度翩翩的女学者问他:"华教授,您不为自己回国感到后悔吗?"华罗庚含笑回答道:"不,我回到自己的祖国一点儿也不后悔,我回国,是要用自己的力量,为祖国做些事情,并不是为了图舒服。活着不是为了别的,而是为了祖国!"

请结合所学知识谈谈你对数学家华罗庚爱国情感的感想。

参考答案

一、单项选择题

1.A 2.A 3.C 4.B 5.B 6.B 7.C 8.A 9.C 10.A
11.C 12.C 13.A 14.C 15.B 16.A 17.B 18.A 19.D 20.C

二、多项选择题

1.BD 2.ABCD 3.ACD 4.ABCD 5.ABD
6.ACD 7.ACD 8.ABCD 9.ABCD 10.ABCD

三、辨析题

1.错误。中华民族精神是中华民族在漫长的社会历史发展过程中逐步形成的,它是中华各族人民社会生活的反映,是中华文化最本质、最集中的体现,是各民族生活方式、理想信仰、价值观念的文化浓缩,是中华民族赖以生存和发展的精神纽带、支撑和动力,是创新社会主义先进文化的民族灵魂。

中华民族精神是一个博大精深的思想体系。它的核心内容是以爱国主义为核心的伟大创造精神、伟大奋斗精神、伟大团结精神、伟大梦想精神。

2.错误。爱祖国的大好河山。祖国的河山在人们的心中占据着至高无上的地位,祖国的大好河山,不只是自然风光,还是主权、财富、民族发展和进步的基本载体。

3.正确。爱国,不能停留在口号上,而是要把自己的理想同祖国的前途、民族的命运紧密联系在一起。新时代大学生不仅要在认识上深刻理解爱国爱党爱社会主义的高度统一,更要以实际行动体现对祖国的热爱、对党的热爱、社会主义的热爱。扎根人民,奉献国家,以一生的真情投入、一辈子的顽强奋斗来践行爱国主义。

四、论述题

1.爱国主义体现了人们对自己祖国的深厚感情,揭示了个人对祖国的依存关系,是人们对自己家园以及民族和文化的归属感、认同感、尊严感与荣誉感的统一,是调节个人与祖国之间关系的道德要求、政治原则和法律规范。爱国主义的基本内涵主要表现在四个方面:爱祖国的大好河山,爱自己的骨肉同胞,爱祖国的灿烂文化,爱自己的国家。

2.爱国主义是中华民族精神的共同价值基础。表现:自觉维护国家民族整体利益是中华民族精神文化的共同价值基础。对国家民族整体利益的自觉认同和维护是贯穿中华精神文化的一根主线。我们中华民族是一个精神文化十分发达的民族。不仅各个民族有自己的、独特的精神文化,而且从古到今所形成的不同的文化流派,都有自己丰富多彩的、独特的精神文化,这些精神文化在几千年的运行、发展历史中,融合成为中华民族文化。中华民族精神文化有着共同的价值基础和思维方式。

爱国主义是中华民族精神的最高政治原则。表现:自觉维护国家和民族的整体利益始终是中华民族精神的最高行为原则。几千年来,我们中华民族在生存和发展的实践中逐渐形成了深刻的民族共识。这个深刻的民族共识就是:国家、民族的整体利益是个人利益和每一群体利益的基础和根本保障,维护国家民族的整体利益是最高的思想原则和行为原则,而且越是在不利的环境中,越是需要团结统一的奋斗精神。

爱国主义是中华民族精神的动力源泉。表现:对祖国崇高的自尊心、荣誉感、义务感和责任感始终是中华民族精神取之不尽用之不竭的力量源泉。在五千年的历史中,我们中华民族调动人的潜能的基本方式之一就是提高人们的道德水准,通过崇高的义务感和责任感,激发人、调动人的潜能去建设家园,去发展社会。人们为了尽到自己的责任和义务,去努力工作,去战天斗地。因此,我们创造了历史上辉煌的文明。

可见,爱国主义是中华民族精神的核心。

五、材料分析题

材料分析题一:

作为我国古代先民兴水利、避水患的千古杰作,都江堰不仅巧妙地利用河流走向和地势地形等自然条件,极大程度上解决了成都平原行洪排涝的问题,基本消除水患威胁,而且满足了工程覆盖范围内广大城乡生产生活、交通运输以及生态景观用水之需。在几千年的历史进程中,中国人民在长期奋斗中培育铸就了独特的中国精神,为中国发展和人类文明进步提供了强大精神动力。伟大创造精神、伟大奋斗精神、伟大团结精神、伟大梦想精神,传承中华民族的宝贵精神基因,汲取时代的丰厚精神滋养,是对中国精神内涵的系统阐释。

材料分析题二：

从"为了国家民族，我们应当回去"中读懂华罗庚忧国忧民的赤子之心，让爱国主义精神在心灵深处牢牢扎根。在历经磨难的战争年代，华罗庚那颗拳拳爱国心、殷殷爱国情从未被掩盖。在岁月尘埃中，他辗转求学、出国深造期盼着学有所成报效祖国。从"足迹几乎遍布全国各省区，用数学解决了大量生产、科研中的实际问题"可以看出，回国后，他将爱国之情和毕生所学用在中国数学科学事业的探索和开拓上，为我国现代化建设作出了突出的贡献。"活着不是为了别的，而是为了祖国"，新时代党员干部要自觉赓续爱国精神，厚植家国情怀，始终坚定热爱祖国、为国争光的理想信念，继承和发扬老一辈科学家胸怀祖国、服务人民的优秀品质，努力将"小我"融入"大我"，在国家和人民需要的地方当好"顶梁柱"，用"爱国之笔"书写为中华民族伟大复兴而奋斗的华丽篇章。

第四章

明确价值要求
践行价值准则

第一部分 教案设计

教学目标

通过本章的学习,学生能深刻领悟什么是社会主义核心价值观,为什么要有社会主义核心价值观,以及如何践行社会主义核心价值观。让学生从理论层面到实践层面去体会、分析和感受社会主义核心价值观的重要意义和科学内涵,从而鼓励学生在社会主义核心价值观的引导下形成正确的价值观,拥有辨别对错、辨明好坏、辨析善恶的能力,成为社会主义核心价值观的信仰者、传播者、践行者。

教学重点

1. 社会主义核心价值观的重要意义和科学内涵。
2. 积极践行社会主义核心价值观。

教学难点

1. 社会主义核心价值观的形成逻辑和构成内容。
2. 社会主义核心价值观是中国梦的精神动力。

教学准备

教案、课件、视频资料、多媒体教室、网络学习平台、实践基地等。

网络学习平台上提前准备好互动资料和课后习题。

网络学习平台上发布讨论问题:

讨论一:瞿某某的行为将会造成什么样的恶劣社会影响,损害什么社会公共利益? 为什么董存瑞、黄继光等英雄烈士是国家的精神坐标,是民族的不朽脊梁?

讨论二:你还见到过哪些宣传社会主义核心价值观的方式?

讨论三:请同学们思考当时中国"一盘散沙"的原因是什么。

讨论四:为什么中国人愿意做亏本买卖?

讨论五:分享你认为的能够彰显我国人民至上的举措和现象。

讨论六:你知道的体现个人英雄主义和少数人英雄主义的电影有哪些?

教学方法

讲授法、讨论法、任务驱动法、自主学习法等。

教学课时

第一节2学时,第二节2学时,第三节2学时,共6学时。

教学过程

第一节 全体人民共同的价值追求

◎课程导入:

董存瑞、黄继光英雄烈士名誉权纠纷公益诉讼案
——杭州市西湖区人民检察院诉瞿某某侵害烈士名誉权公益诉讼案

一、基本案情

瞿某某在其经营的网络店铺中出售两款贴画,一款印有"董存瑞舍身炸碉堡"形象及显著文字"连长,你骗我!两面都有胶!",另一款印有"黄继光舍身堵机枪口"形象及显著文字"为了妹子,哥愿意往火坑跳!"。杭州市某居民在该店购买了上述印有董存瑞、黄继光宣传形象及配文的贴画后,认为该网店经营者侵害了董存瑞、黄继光的名誉并伤害了其爱国情感,遂向杭州市西湖区人民检察院举报。

杭州市西湖区人民检察院发布公告通知董存瑞、黄继光近亲属提起民事诉讼。公告期满后,无符合条件的原告起诉,杭州市西湖区人民检察院遂向杭州互联网法院提起民事公益诉讼。

二、裁判结果

杭州互联网法院认为,英雄烈士是国家的精神坐标,是民族的不朽脊梁。英雄烈士董存瑞在解放战争中舍身炸碉堡,英雄烈士黄继光在抗美援朝战争中舍身堵枪眼,用鲜血和生命谱写了惊天动地的壮歌,体现了崇高的革命气节和伟大的爱国精神,是社会主义核心价值观的重要体现。任何人都不得歪曲、丑化、亵渎、否定英雄烈士的事迹和精神。被告瞿某某作为中华人民共和国公民,应当崇尚、铭记、学习、捍卫英雄烈士,不得侮辱、诽谤英雄烈士的名誉。其通过网络平台销售亵渎英雄烈士形象贴画的行为,已对英雄烈士名誉造成贬损,且主观上属明知,构成对董存瑞、黄继光的名誉侵权。同时,被告瞿某某多年从事网店销售活动,应知图片一经发布即可能被不特定人群查看,商品一经上线便可能扩散到全国各地,但其仍然在网络平台发布、销售上述贴画,造成了恶劣的社会影响,损害了社会公共利益,依法应当承担民事法律责任。杭州互联网法院判决瞿某某立即停止侵害英雄烈士董存瑞、黄继光名誉权的行为,立即销毁库存、不得再继续销售涉案贴画,并于判决生效之日起十日内在国家级媒体公开赔礼道歉、消除影响。

请同学们在学习通上回答,并分析形成的词云。

讨论一:瞿某某的行为将会造成什么样的恶劣社会影响?损害什么社会公共利益?为什么董存瑞、黄继光等英雄烈士是国家的精神坐标,是民族的不朽脊梁?

案例总结:瞿某某的行为表面上是售卖贴画,其实质是通过错误的诙谐方式淡化对英雄烈士的认可和崇尚,抹黑英雄烈士为国牺牲的英勇行为,是对烈士本身的伤害,更是对烈士践行的爱国主义情怀的行为进行否定。爱国是每一位国人的基本价值观,不容亵渎。

英雄烈士用自己的牺牲换来民族独立,新中国的成立和发展,他们坚定的信念和信仰根植于浓烈的爱国情感,是激励所有国人践行爱国情怀的标杆,是国家凝聚力和向心力的价值体现,也是我国社会主义核心价值观的关键内容。

第四章将从什么是社会主义核心价值观,为什么要有社会主义核心价值观,以及如何践行社会主义核心价值观等角度与同学们进行探讨。践行社会主义核心价值观既是道德标准,亦是法律要求。

◎课程内容：
一、价值观与社会主义核心价值观

上述案例中的瞿某某的行为属于价值观偏差导致的不当行为,大学生要深刻领会社会主义核心价值观的重要意义和科学内涵,扣好人生的扣子,从日常点滴做起,从细微之处做起,成为社会主义核心价值观的坚定信仰者、积极传播者、模范践行者。

提问:价值观和社会主义核心价值观是如何形成的呢?

(一)价值观与核心价值观

1.结合PPT阐述价值观的定义。

价值观就是主体对客体有无价值、价值大小的立场和态度,是对价值及其相关内容的基本观点和看法。价值观与世界观、人生观相辅相成、相互作用、相互促进,是辩证统一的关系。价值观对人的具体行为起着规范和导向作用,价值观不同的人,行为取向也不同,甚至可能截然相反。

请结合价值观的定义分析瞿某某价值观偏差的表现。

总结:瞿某某为了制造噱头,调侃英烈的爱国行为,在区分好与坏、对与错、善与恶等现象中出现错误认知,为了获取金钱而违背公民的基本义务,不但失德,而且违法。

(1)价值观反映着特定的时代精神。

人们的社会存在和社会生活是具体的、现实的,是属于一定时代的,反映社会存在和社会生活的价值观总是表现出鲜明的时代特点。有什么性质的社会存在,就会有什么性质和内容的价值观。抽象的、超历史的、一成不变的价值观是不存在的。

举例:关于婚姻的价值观随时代变迁而发生转变。比如从封建社会时期的婚姻观到一夫一妻制的转变,从婚姻是父母之命媒妁之言到结婚自由甚至离婚自由的转变。

(2)价值观体现着鲜明的民族特色。

一个民族在长期的共同生活和实践的基础上,逐渐形成具有该民族特色的价值观,并通过历史的积淀和升华,使之成为该民族文化传统的核心和灵魂。

价值观的民族性体现着一个民族区别于其他民族的精神气质。

举例:中华民族自古以来的"和"文化。儒家文化中的"以和为贵"、道家文化的"万物负阴而抱阳,冲气以为和"、墨家学说的"兼爱非攻"等传统文化中均体现"和"的思想,传承至今并形成人类命运共同体思想,是中华民族价值观中的民族特色。

(3)价值观蕴含着特定的阶级立场。

不同阶级由于其阶级地位和经济利益不同有着不同的价值观。在阶级社会里,占统治地位的价值观都是统治阶级的价值观,为统治阶级的统治和利益辩护。

举例:美国枪支合法维护的是少数资产阶级的利益,枪支能保护的只是有钱有权的资产阶级,大部分普通民众甚至因枪支合法化使用而生活在不安稳的社会环境中,枪支使用的弊端远远超过利,却迟迟不能废除,是具有典型的阶级立场的价值观。

2.核心价值观。

核心价值观是一定社会形态、社会性质的集中体现,在一个社会的思想观念体系中处于主导地位,体现着社会制度的阶级属性、社会运行的基本原则和社会发展的基本方向。它不仅作用于经济社会生活的各个方面,而且对每个社会成员有着深刻的影响。任何一个社会都存在多种多样的价值观念和价值取向,要把全社会的意志和力量凝聚起来,必须有一套与经济基础和政治制度相适应并能形成广泛社会共识的核心价值观,否则,一个民族就没有赖以维系的精神纽带,一个国家就没有共同的思想道德基础。

(二)社会主义核心价值观

1.社会主义核心价值观的提出。

提问:四大文明古国是指哪四个古国?现存情况如何?

总结:古埃及、古印度、古巴比伦、中国。只有中国文明是不间断且现存的,其源远流长的法宝在于文化传承,在于历史长河中形成的核心价值观,比如前面提及的"和"文化。

党的十八大提出,要倡导富强、民主、文明、和谐,倡导自由、平等、公正、法治,倡导爱国、敬业、诚信、友善,积极培育和践行社会主义核心价值观。这是中国共产党凝聚全党全社会价值共识作出的重要论断。社会主义核心价值观的提出,鲜明确立了当代中国的核心价值理念,生动展现了中国共产党和中华民族高度的价值自觉与价值自信。

2.社会主义核心价值观和社会主义核心价值体系的关系。

(1)社会主义核心价值观和社会主义核心价值体系是紧密联系、互为依存、相辅相成的。

社会主义核心价值体系主要包括马克思主义指导思想、中国特色社会主义共同理想、以爱国主义为核心的民族精神和以改革创新为核心的时代精神、社会主义荣辱观。社会主义核心价值观是社会主义核心价值体系的精神内核,它体现了社会主义核心价值体系的根本性质和基本特征,反映了社会主义核心价值体系的丰富内涵和实践要求,是社会主义核心价值体系的高度凝练和集中表达。

(2)社会主义核心价值观与社会主义核心价值体系具有内在一致性。

二者都体现了社会主义意识形态的本质要求,体现了社会主义制度在思想和精神层面的质的规定性,是全面建成社会主义现代化强国、实现第二个百年奋斗目标的价值引领。

二、社会主义核心价值观的基本内容

播放央视公益短片《传播》。

总结:各城市、各地区,用风采各异的地域特点和人文风情,弘扬社会主义核心价值观,诠释着我们要建设什么样的国家、建设什么样的社会,培育什么样的公民。

讨论二:你还见到过哪些宣传社会主义核心价值观的方式?

(一)富强、民主、文明、和谐

举例讲解国家层面的内涵。

1.富强是促进社会进步、人的自由全面发展的物质基础,体现了马克思主义唯物史观生产力标准的根本要求。

富强,就是人民的富裕和国家的强盛。为什么"富强"排在社会主义核心价值观的首位?

因为富强是国之脊梁(图说百年前后的中国,在与外国协商会谈中的变化体现),只有国家拥有了强大的综合国力,才能在国际社会上有立足之地。

举例:毛泽东1955年对富裕的解读,"这个富,是共同的富,这个强,是共同的强,大家都有份"。重点强调,富强在于富民,指的是人民的富裕和国家的强盛,落脚点在于人民。

2.民主指的是社会主义民主,是人民当家作主,不是由别人作主,也不是由少数人作主。

作为一种政治实践、价值理念,人民民主是社会主义的生命,没有民主就没有社会主义,就没有社会主义现代化。人民民主反映了人民群众的历史主体地位,是人民群众创造历史的集中体现。

民主是国之经络。民主就如同经络般,贯穿疏通国家的肌体,具有充分协调政治的机能。全过程人民民主是真实的民主,不是"一人一票"的程序民主,不是投票后就进入"休眠期"的民主。

举例习近平总书记关于民主的阐释,"中国的民主制度不是装饰品,不是用来做摆设的,而是要用来解决人民需要解决的问题的","人民民主是一种全过程的民主","找到全社会意愿和要求的最大公约数,是人民民主的真谛"。

3.文明是社会进步的重要标志,也是社会主义现代化国家的重要特征。

文明是国之大厦。社会主义核心价值观倡导的文明包括物质文明、政治文明、精神文明、社会文明、生态文明,是全面建设社会主义现代化国家的题中应有之义,是实现中华民族伟大复兴的重要支撑。

于内,我们倡导"百花齐放、百家争鸣"。于外,我们倡导的文明既不推崇"西方文明至上"的那一套,也不搞"历史虚无主义",既不妄自尊大,也不妄自菲薄。我们追求的文明是开放包容的创新姿态,是各美其美,美美与共,是真正的开放包容。

4.和谐是中华文明的核心价值理念。

和谐是国之气血,为社会补给能量,给国家增加活力。社会主义核心价值观倡导的和谐,是人与人、人与社会、人与自然以及人的自我身心的有机统一。"天人合一,协和万邦,和而不同",体现着中国人的精神基因。于内,和谐的中国,是民主与法治相统一、公平与效率相统一、活力与秩序相统一、人与自然相统一的社会主义国家。于外,和谐的中国,秉持世界持久和平的理想,心系人类共同繁荣的命运,担当可持续发展的历史责任。

(二)自由、平等、公正、法治

举例讲解社会层面的内涵。

1.自由是社会活力之源,是社会主义的价值理想。

社会主义核心价值观倡导的自由,不是少数人的、形式上的、虚伪的自由,而是绝大多数人的、实质上的、真实的自由;社会主义核心价值观倡导的自由,不是凌驾于社会利益之上的、绝对的个人自由,而是受到法律和规范制约、权利和义务对等的自由;社会主义核心价值观倡导的自由,不是超越发展阶段和现实承受能力的自由,而是与一定的经济社会发展条件相适应的自由;社会主义核心价值观倡导的自由,不只是追求物质生活的改善,更重要的是保证人民充分享有发展自我、实现自我的机会,使每个人都能人生出彩、梦想成真。

我们倡导的自由是受到法律和规范制约、权利和义务对等的自由,不是凌驾于社会利益之上的、绝对的个人自由。没有边界的自由,其实质是自私。比如同学们在宿舍的作息,应该符合宿舍管理规定,午休时间就不能随心所欲地吵闹。

2.平等是人类追求的美好状态。

播放公益短片《平等》,阐释平等是每个人都有做太阳的机会。

社会主义核心价值观倡导的平等,是兼顾效率与公平的平等,不是"不患寡而患不均"的绝对平均主义;是实实在在的平等,不是落在法律文本上的"形式上的平等";是要让人人都能公平行使社会权利、履行社会义务、分享社会成果,政治上平等参与、经济上共同富裕、文化上共建共享,同祖国和时代一起成长进步。

3.公正是人类社会进步的标尺,是社会主义制度的本质要求。

社会主义核心价值观倡导的公正,不只是强调机会平等和程序正义的公正,更是兼顾结果的公正,体现在社会生活各个领域、各个层次、各个方面的公正。

我国建成了世界上规模最大的社会保障体系,维护最广大人民的根本利益是社会主义社会的出发点和落脚点。

4.法治是人类政治文明的重要成果,是现代社会的主要特征。

在当代中国,全面推进依法治国,加快建设社会主义法治国家,是坚持和发展中国特色社会主义的本质要求和重要保障,是实现国家治理体系和治理能力现代化的必然要求,事关党执政兴国、事关人民幸福安康、事关党和国家长治久安。社会主义核心价值观倡导的法治,不是片面强调司法独立、推行三权分立,更不是对资本主义法治理念的照抄照搬,而是立足中国的社会现实和文化传统,坚持党的领导、人民当家作主、依法治国的有机统一。

播放新华网民法典科普视频,让学生感受到中国法治的进步和完善。

(三)爱国、敬业、诚信、友善

举例讲解个人层面的内涵。

通过播放电视剧《勋章》中张富清的情节,阐释社会主义核心价值观践行者是如何践行爱国、敬业、诚信、友善的。

张富清是原西北野战军359旅718团2营6连战士,在解放战争的枪林弹雨中九死一生,先后荣立一等功三次、二等功一次,被西北野战军记"特等功",两次获得"战斗英雄"荣誉称号。在战争中英勇善战,获得多次嘉奖,体现出他作为公民的爱国情怀。退役转业到湖北省最偏远的来凤县工作,为贫困山区奉献一生,克服客观的环境制约和主观的意识困境,带领贫困的乡亲们改善生活,体现出他的敬业。多年工作经历,从乡村领导到银行高管,从不徇私舞弊,甚至为了避嫌,配偶主动辞职配合,体现出他的诚信。1975年,51岁的他被恢复工作调往卯洞公社任革委会副主任,他抓住宝贵的机会,带领乡亲们修路、开荒植树、办畜牧场。4年后他离开的那天早上,十里八乡的社员们翻山越岭赶来送他,这是他扎根农村20年,换来的最好回报,体现出他的友善。

1.爱国是最深沉、最持久的情感,是每个公民应当遵循的最基本的价值准则,也是中华民族的优良传统。

2.敬业是对待生产劳动和人类生存的一种根本价值态度。

3.诚信是个人立身处世的基本价值规范,是社会存续发展的重要价值基石。

4.友善是维系良好人际关系和社会关系的基本价值准则。

爱国、敬业、诚信、友善,这一价值追求回答了我们要培育什么样的公民的重大问题,涵盖了社会公德、职业道德、家庭美德、个人品德等各个方面,是每个公民都应当遵守的价值规范。

三、当代中国发展进步的精神指引

播放金一南教授讲座视频《从空前觉醒到伟大复兴》。

总结:这就是孙中山先生描述的状况——"四万万中国人,一盘散沙而已。"

讨论三:请同学们思考当时中国"一盘散沙"的原因是什么。

查看词云后总结:当时中国"一盘散沙"的原因是没有核心意识。随着中国共产党的成立,我们有了主心骨,在党领导人民的斗争中形成了精神指引,铸就了坚定的信仰,烈士们因为相信而看见了胜利。在这些基础上,如今我们的核心意识,社会主义核心价值观,凝结了所有中国人,形成了强大的精神动力,体现出前所未有的团结力量,俨然已经成为当代中国发展进步的精神指引。

(一)坚持和发展中国特色社会主义的价值遵循

对比西方文艺复兴时期个性自由的价值观,启蒙运动和法国大革命时期自由、平等、博爱的价值理念,马克思主义提出在生产力高度发展和生产资料公有制的基础上,建立真正实现人人平等的公平正义的社会,是迄今为止人类最先进、最广泛的价值追求。这也正是社会主义核心价值观先进性、感召力之所在。集中体现了马克思主义所倡导的价值理念,是中国特色社会主义的根本价值导向。

(二)提高国家文化软实力的迫切要求

举例:"构建人类命运共同体"被写入联合国决议,中国文化绽放世界舞台。

观看视频:《中国龙叫Loong而不是Dragon》。

总结:文化兴则国运兴,文化强则民族强。随着文化自信的觉醒和增强,中华文化繁荣兴盛势不可挡,为实现中华民族伟大复兴提供强大的精神力量。

讲解:一个国家的文化软实力,从根本上说,取决于其核心价值观的生命力、凝聚力、感召力。文化软实力的竞争,本质上是不同文化所代表的核心价值观的竞争。

(三)推进社会团结奋进的"最大公约数"

举例:人们在打夯时需要有统一的"号子",不同的人才能协同一致,劲儿才能使在一处。社会主义核心价值观就是让中国人心往一处想,劲儿往一处使的"号子",是推进社会团结奋进的"最大公约数"。在面对思想领域日趋多元、多样、多变,各种思潮此起彼伏,各种观念相互碰撞,不同价值取向并存的时候,"号子"就是稳定军心,能使全体人民同心同德、团结奋进的重要法宝。培育和践行社会主义核心价值观,能够在具体利益矛盾、各种思想差异之上最广泛地形成价值共识,有效引领整合纷繁复杂的社会思想意识,有效避免利益格局调整可能带来的思想对立和混乱,形成团结奋斗的强大精神力量。

◎**课程小结:**

本节主要阐释全体人民共同的价值追求是如何凝练而成的,从价值观的定义出发,结合案例分析,明确价值观对人的具体行为起着规范和导向作用。价值观反映着特定的时代精神,体现着鲜明的民族特色,蕴含着特定的阶级立场。新中国成立后,我国形成了以马克思主义指导思想、中国特色社会主义共同理想、以爱国主义为核心的民族精神和以改革创新为核心的时代精神、社会主义荣辱观为主要内容的社会主义核心价值体系,社会主义核心价值观是其高度浓缩,二者相互依存、相辅相成,具有内在一致性,发挥共同的作用。通过形象分析富强、民主、文明、和谐形成的机体架构,讲解社会主义核心价值观在国家层面的内涵;通过具象化的比喻分析自由、平等、公正、法治对社会有序发展的作用,讲解社会主义核心价值观在社会层面的内涵;通过对典型先进人物的深度剖析,对标爱国、敬业、诚信、友善优秀品质,讲解社会主义核心价值观在个人层面的内涵。社会主义核心价值观是当代中国发展进步的精神指引,具有重大意义,是坚持和发展中国特色社会主义的价值遵循,是提高国家文化软实力的迫切要求,是推进社会团结奋进的"最大公约数"。

第二节　社会主义核心价值观的显著特征

◎**课程导入：**

播放视频:《为什么中国人总做亏本买卖?》。

讨论四:为什么中国人愿意做亏本买卖?

总结:社会主义制度是社会主义核心价值观的体现,彰显出了其先进性、人民性、真实性。

◎**课程内容：**

一、反映人类社会发展进步的价值理念

(一)体现社会主义的本质属性

讲解社会主义核心价值观遵循人类历史发展的轨迹。

举例:奴隶社会的核心价值观体现奴隶主阶级的根本利益,封建社会的核心价值观体现封建地主阶级的根本利益,资本主义社会的核心价值观体现资产阶级的根本利益,社会主义的核心价值观是站在最大多数人民的价值立场上,提出价值目标和价值追求。

"社会主义"是社会主义核心价值观的"底色"。社会主义核心价值观的先进性,集中体现在它是社会主义所坚持和追求的价值理念。

(二)扎根中华优秀传统文化土壤

播放视频:《何为少年》。

总结:不忘本才能开辟未来,善于继承才能更好创新。仁、义、礼、智、信在新时代的新解,是扎根于中华优秀传统文化土壤,弘扬时代精神的创造性转化。"孝悌忠信、礼义廉耻、仁者爱人、与人为善、天人合一、道法自然、自强不息、兼爱非攻"等诸多理念,至今仍然深深影响着中国人的生活,成为中国人日用而不觉的价值观念。中华优秀传统文化强调"民惟邦本""天人合一""和而不同";强调"天行健,君子以自强不息""大道之行也,天下为公";强调"天下兴亡,匹夫有责";主张以德治国、以文化人;强调"君子坦荡荡""君子义以为质";强调"人而无信,不知其可也";强调"德不孤,必有邻""仁者爱人""与人为善""己所不欲,勿施于人""出入相友,守望相助""老吾老以及人之老,幼吾幼以及人之幼""扶

贫济困""兼相爱,交相利";等等。像这样的思想和理念,不论过去还是现在,都有其鲜明的民族特色,都有其永不褪色的时代价值。

(三)吸纳世界文明有益成果

人类是在对理想社会的追求中不断进步的,不同时代的人们都提出了具有时代特点的价值理想。中国古代的"大同社会",古希腊的"理想国",资本主义启蒙思想家对封建等级制的批判,空想社会主义对未来美好社会的设想,都代表了人类对美好社会的憧憬。

社会主义核心价值观在吸收人类优秀价值理念的基础上,以中国经验、中国实践为民主、自由、平等、公正、法治等价值理念赋予社会主义性质,代表了人类社会前进的方向和价值理念。

二、彰显人民至上的价值立场

播放视频:《中国2020:人民至上》。

总结:在社会主义中国,以人民为中心的发展思想,不是一个抽象的、玄奥的概念。人民性是社会主义核心价值观的根本特性。

讨论五:分享你认为的能够彰显我国人民至上的举措和现象。

(一)尊重人民群众历史主体地位

马克思主义唯物史观认为人民群众是历史的创造者。中国共产党为人民而生,因人民而兴。人民是中国共产党执政的最深厚基础和最大底气,人民至上是社会主义核心价值观鲜明的价值立场。

播放视频:《80秒回顾8年脱贫攻坚战》。

总结:社会主义核心价值观坚持人民历史主体地位,代表最广大人民的根本利益,反映最广大人民的价值诉求,引导最广大人民为实现美好社会理想而奋斗。

(二)体现以人民为中心的价值导向

在社会主义中国,以人民为中心有着具体的体现。在经济建设上,推进高质量发展,朝着全体人民共同富裕的方向稳步迈进;在政治建设上,强调人民当家作主,体现人民意志,维护人民合法权益;在文化建设上,坚持人民是文化事业的主体,满足人民的精神文化生活需要;在社会发展上,不断保障和改善民生,促进社会公平正义;在生态文明建设上,强调人与自然和谐共生,满足人民对优美生态环境的需要。

三、因真实可信而具有强大的道义力量

讨论六:你知道的体现个人英雄主义和少数人英雄主义的电影有哪些?

《流浪地球》和漫威系列电影体现出的不同价值观。《流浪地球》反映出的价值观是人类在面对共同威胁时的团结与合作,追求的是人类共识,人类命运共同体;而漫威系列电影强调的是个人英雄主义,宣传的价值观是一个人或少数人即可解决威胁全人类的问题。就如其"普世价值",是以追求人类共识之名行"和平演变"之实,是以美国的认知为中心而形成的"普世",而不是真实的融合,不是各美其美,美美与共。

(一)社会主义核心价值观是真实可信的

社会主义核心价值观与以往价值观的一个重要区别在于其真实性。以民主选举制度为例,与西方民主制度"一人一票"注重形式不同,中国特色社会主义民主更注重内容和结果。我们不仅有选举民主,还有协商民主、基层民主,保证人民依法实行民主选举、民主协商、民主决策、民主管理、民主监督。我们在追求民意方面,不仅不比西方少,甚至还要更多。中国的民主制度不是装饰品,不是用来做摆设的,而是用来解决人民需要解决的问题的。中国特色社会主义的成功也验证了社会主义核心价值观的正确性、可信性,使得社会主义核心价值观可以而且能够成为真切、具体、广泛的现实。

(二)认清西方"普世价值"的实质

1."普世价值"在理论上的虚伪性。

西方国家所谓的"普世价值",并非指人类道德评价、审美评价的普遍性或共性,而是特指资本主义价值观;推行的并不是人类共同的价值观,而是特定的

价值观及其背后的经济政治文化制度。

2."普世价值"在实践上的虚伪性。

西方所谓的"普世价值"在他们自己的世界里都未能真正"普适"。种族歧视、劳资对立、金钱政治、贫富分化、社会撕裂、人权无保障等问题,在一些西方国家长期存在且愈演愈烈,与他们所标榜的"普世价值"形成鲜明对照。

举例:电影《绿皮书》是美国种族歧视最真实的写照,强行推进"普世价值"的结果是造成他国四分五裂,战火纷飞,混乱不堪。比如"阿拉伯之春",各国"颜色革命"。

辨析:全人类共同价值和"普世价值"的本质区别。

反对西方所谓的"普世价值",并不是说人类社会不存在共同价值。人类生活在同一个地球村里,越来越成为你中有我、我中有你的命运共同体,客观存在共同利益,必然要求共同价值。我们所主张的共同价值,是要倡导求同存异、和而不同,充分尊重文明的多样性,尊重各国自主选择社会制度和发展道路的权利。这与唯我独尊、强施于人、旨在推行资本主义政治理念和制度模式的所谓"普世价值"根本不同。

◎ 课程小结:

本节在充分理解社会主义核心价值观内涵的基础上,剖析其显著特征。社会主义核心价值观体现了社会主义意识形态的本质要求,体现了社会主义制度在思想精神层面的质的规定,以其先进性、人民性、真实性站在人类道义制高点上,彰显出独特而强大的价值观优势。先进性包括体现社会主义的本质属性,扎根中华优秀传统文化土壤,吸纳世界文明有益成果;人民性包括尊重人民群众历史主体地位,体现以人民为中心的价值导向;真实性包括社会主义核心价值观不仅真正地与社会主义制度相契合,与保障人民的根本利益相一致,而且因其真实可信而具有强大的道义力量,与西方"普世价值"理论上的虚伪性和实践上的虚伪性有着本质的区别。

第三节　积极践行社会主义核心价值观（实践课）

在翻转课堂上,学生分享践行社会主义核心价值观的典型人物。提前布置课后作业,观看《大国工匠》纪录片,将全班同学分成8个组,每组负责分析并讲解一集《大国工匠》人物中所体现出的社会主义核心价值观,并以PPT形式呈现(分析讲解不超过5分钟)。

一、扣好人生的扣子

提问:为什么要对青年讲社会主义核心价值观这个问题?

总结:青年的价值取向决定了未来整个社会的价值取向,而青年又处在价值观形成和确立的时期,抓好这一时期的价值观养成十分重要。大学生的成长成才和全面发展,离不开正确价值观的引领。正确的价值观能够引导大学生把人生价值追求融入国家和民族事业,始终站在人民大众立场,同人民一道拼搏、同祖国一道前进,服务人民、奉献社会,努力成为中国特色社会主义事业的合格建设者和可靠接班人。核心价值观的养成绝非一日之功。大学生要坚持由易到难、由近及远,从现在做起,从自己做起,努力把核心价值观的要求变成日常的行为准则,形成自觉奉行的信念理念,并身体力行,大力将其推广到全社会去,为实现国家富强、民族振兴、人民幸福的中国梦凝聚强大的青春能量。

二、把社会主义核心价值观落细落小落实

播放视频:《青年工匠梁智滨,靠砌墙成为世界冠军,拒绝百万年薪只为报效祖国》。

"一种价值观要真正发挥作用,必须融入社会生活,让人们在实践中感知它、领悟它。"这就要求在培育和弘扬的过程中,下好落细、落小、落实的功夫。对于大学生而言,就是要切实做到勤学、修德、明辨、笃实,使社会主义核心价值观成为一言一行的基本遵循。

1.勤学。

知识是树立社会主义核心价值观的重要基础。大学生要注重把所学知识内化于心,形成自己的见解,既有专攻,又要博览,努力掌握为祖国、为人民服务

的真才实学,让勤于学习、敏于求知成为青春远航的动力。

举例:2014年,梁智滨在学校里系统地学习了测量、制图、施工等专业理论知识,从最初的准备到最终的世界大赛,足足要度过两年时间,就像一次漫长的马拉松既要比参赛者的技术,还要比参赛者的耐力和意志,他每天早上8点到晚上9点,除了上课,所有的时间都用在了训练上。

2.修德。

加强道德修养,注重道德实践。修德,既要立意高远,又要立足平实。要立志报效祖国、服务人民,这是大德,养大德者方可成大业。

举例:2020年11月24日,在全国劳动模范和先进工作者表彰大会上,22岁的梁智滨再添一项新的荣誉——全国先进工作者。他是广东省最年轻的获奖者。在巨大的荣誉面前,梁智滨很冷静,他站上领奖台时还在偷偷打量人民大会堂的内部建筑,这位年轻的匠人把过去的一切清零,一心只想把工匠精神传承下去。

3.明辨。

善于明辨是非,善于决断选择。培育和践行社会主义核心价值观,要增强自己的价值判断力和道德责任感,辨别什么是真善美、什么是假恶丑,自觉做到常修善德、常怀善念、常做善举。

举例:从阿布扎比回国后,有企业慕名而来,给梁智滨开出了百万年薪另加一套房子的优厚待遇,邀请他去工作,但梁智滨头脑很清醒,他拒绝了诱惑,回到母校担任了一名实习指导教师。同时,他还学习工程管理专业,希望提升自己的理论水平,争取做一个完美的建筑工匠。之前梁智滨的目标只是为父母亲在家乡盖一座别墅,现在他的志向是为祖国培养更多的建筑高手,让中国建筑走向世界。

4.笃实。

扎扎实实干事,踏踏实实做人。道不可坐论,德不能空谈。于实处用力,做到知行合一,核心价值观才能内化为人们的精神追求,外化为人们的自觉行动。

举例:一个看似简单的工作任务,在规定时间砌出长2米、高1.5米的直墙,水平方向、垂直方向和角度测量误差不能超过一毫米,墙体还要干净美观。每完成一次训练往往需要砌上9个小时左右,砌好推倒再砌,梁智滨每星期差不多要这样循环5次。一直重复地练了10个月,工棚里狭小闷热,蚊虫还不时前来骚扰。这些梁智滨都能忍受，为了抵御打磨机发出的刺耳噪声，他还要戴上耳塞。为了保持对墙体平整度的敏锐手感，梁智滨作业时从不戴手套。这样的后果往往是他的双手被砖块磨破，如果遇到时间紧急的时候，他甚至不会消毒，只贴上一个创可贴，就接着砌墙了。两年的时间，梁智滨累计砌了350堵墙。每面墙超过了200块砖，铲了至少20万次砂浆。

◎ 课程小结：

本节在充分理解社会主义核心价值观的内涵和显著特征的基础上，引导青年积极践行社会主义核心价值观。学生自主学习，分组讨论，分享践行社会主义核心价值观典型人物，意识到自身肩负的历史使命，自觉加强价值观养成，树立正确的价值取向。教师分享践行社会主义核心价值观典型人物，解说高职学生如何成为世界技能大赛冠军，深刻剖析如何把社会主义核心价值观落细落小落实。

◎ 总结提高：

社会主义核心价值观是当代中国精神的集中体现，是中国特色社会主义道路、理论、制度、文化的价值表达，凝结着全体人民共同的价值追求。青年的未来与国家的未来同频同向，青年一代的理想、本领和担当勾勒出国家的形象和力量，践行社会主义核心价值观是青年成长成才和全面发展的催化剂。本章授课过程中，需挖掘更多增强学生对社会主义核心价值观体验感的教学策略，使学生从理论认知到情感共鸣，从感同身受到身体力行。

第二部分 案例分析

案例一

案例呈现

同样的山火,不同的救援

2019年7月18日,澳大利亚发生山火事件,共持续了210天。数月以来,累计造成30多人死亡,约10亿野生动物丧命,2500多间房屋和1170万公顷土地被烧毁。

(侯佳欣.环球网,2020-02-12,有改动)

2023年美国夏威夷毛伊岛大火烧毁2000多座建筑,截至当地时间8月18日,大火导致的遇难人数已上升至114人。幸存者谴责政府救援不力、不负责任。当地政府误判火灾形势以及警报系统的"失声",令逃离陷入一片混乱。当地灾民表示,联邦紧急事务管理局要求人们在网站上注册后,才能获得临时住房等援助,但毛伊岛西部受灾最严重地区仍处于断电断网中,那里的灾民根本无法登录网站。各类官方援助中心设在毛伊岛的东部,距西部灾区将近20公里,至于如何到达援助中心,灾民们只能自己想办法。

(哈尔滨新闻网转自人民日报客户端,2023-08-20,有改动)

2022年8月中旬,重庆多区县接连发生森林火灾,同样是漫天大火,重庆只用10天就全线扑灭。面对山火,为了祖国与人民,偏向火山行的消防员和武警战士们,正直友善的市民们,凝结成一股强大的力量。那里本没有路,由无数志愿者的脚步踩出;那路本没有灯,是无数志愿者的头灯照亮了重庆儿女用身躯铸造的防火长城。

思考讨论

1. 同样是山火事件,为什么重庆山火仅用10天就全线扑灭?
2. 为什么热心市民源源不断自愿支援火灾前线,灭火后又重返缙云山,植树还绿?

案例点评

重庆北碚山火救援的志愿者们有摩的司机、外卖骑手、企业职工、当地村民、高考完的学生、在校大学生、高校教师、送粥的阿姨、送饭菜的餐馆老板、自发捐款捐物的民间组织等,他们配合着专业的森林消防、武警部队的消防救援工作。志愿者们用逆火而行的担当谱写了中国人民和中华民族天下兴亡、匹夫有责的家国情怀;多省多地消防力量的火速驰援彰显了一方有难、八方支援的民族精神,印证了中国人民刻在骨子里的团结与温良。"乡田同井,出入相友,守望相助,疾病相扶持",历经几千年的历史沉淀,自强不息、团结一心、守望相助早已成为中华民族优良传统的浑厚基石。军民一心,众志成城,他们用实际行动诠释了"科学和技术到达不了的地方,就用信仰去踏平",新时代背景下凝练这信仰的就是我们的社会主义核心价值观。

使用建议

案例可用于第二节社会主义核心价值观的显著特征的讲解,用以佐证第三目"因真实可靠而具有强大的道义力量"。

案例二

案例呈现

从重庆公交坠江之殇看为什么要培育和践行社会主义核心价值观

重庆万州公交车坠江事故原因公布:2018年10月27日上午,一名48岁的女乘客因为坐过站,不断骚扰并用手机击打司机,司机用右手抵挡、还击,最终导致车辆失控向左偏离越过中心实线,与对向正常行驶的红色小轿车相撞后,冲上路沿、撞断护栏坠入江中。目前已打捞出13名遇难者遗体并确认身份,公众纷纷指责与公交车司机相撞的红色小轿车女司机。车载行车记录仪及SD卡被打捞出水后,公安部门对数据进行恢复,提取到的车内监控视频显示,事发前,公交司机冉某与女乘客刘某争执并互殴,车上的其他乘客未出手制止,导致车辆失控,公众迅速指责纠缠并击打公交司机的女乘客刘某。

也有人进一步解读,"其他乘客本来应该及时制止'女乘客刘某'殴打司机的行为,遗憾的是他们都抱着不关我的事、看热闹的心态,这样冷漠围观,最后一起没命了"。"其他的十几人死于自己的冷漠。""这一辆公交车其实就是当今社会的真实写照,不论是上层互殴,还是底层打斗,最终就算拖向深渊,看热闹的人都一样不为所动。""其实我们14亿中国人,同在一辆公交车上。"

(综合环球网、新华网等,2018-11-02)

思考讨论

1. 造成公交车坠江之殇的原因有哪些?
2. 如何理解"其实我们14亿中国人,同在一辆公交车上"?

案例点评

公交车坠江事件需要从司机、肇事者、乘客和媒体四个视角进行剖析。首先是司机,如新闻报道里阐述的,面对肇事乘客时,司机出现了还击的行为,有悖于职业操守,情绪超越了理性的控制,直接导致悲剧的发生;其次是肇事乘客,因一己私欲,不顾自身和全车乘客的安全,贸然干扰司机驾驶,甚至出手干预,既失德又违法,是导致悲剧发生的根本原因;再者是乘客,以看客身份冷漠无视,无一人站出来制止肇事乘客的不良行为,最终付出生命的代价;最后是媒体,作为舆论的前方阵地,在未了解事情真实情况前,仅根据表面观察,进行错误引导,有悖职业道德。从此次事故中,可以得出全民践行社会主义核心价值观的重要性,只有全民全方面践行,争做有德守法的好公民,才能生活在一个和谐美好的社会中。

使用建议

可以使用在课前的导入,让学生明白践行社会主义核心价值观的重要性。

第三部分
实践环节

实践目的

通过观看视频,了解标杆人物——第43届世界技能大赛冠军聂凤的相关事迹,教师为学生深度剖析其成功之路,生动形象地阐释社会主义核心价值观的内容。如,作为一名世界技能大赛冠军,她拒绝高薪工作,坚守职业教育,并认为没有任何一份工作能够比为国争光更有成就和价值,体现出聂凤爱国的价值观。从一名普通家庭出生的职业教育学生,成长为职业教育教师,聂凤的成长和成才之路更能激发学生的情感共鸣,使学生从其身上感受到向上的力量,这些力量的根源就是社会主义核心价值观的践行,能够更好地引导学生领悟如何落细落小落实社会主义核心价值观。

活动设计

1.教师通过学习通发布视频观看任务(《重庆专访 | 第43届世界技能大赛冠军 聂凤:一把剪刀 剪出精彩人生》)。

2.请学生围绕社会主义核心价值观主要内容进行分析:聂凤的成长和成才过程,体现出了哪些具体内容?以及对你的启发是什么?

3.学生完成后,教师通过学习通随机选人模式,邀请学生进行分享。

注意事项

首先,要求每一位学生提前在学习通上作答,再邀请其进行分享,能够保证实践活动100%的覆盖率;其次,每一位学生分享感悟之后,教师要从学生的视角进行总结和提升,从学生视角去挖掘,能够更好地激发共鸣达到认同;最后,没有被邀请到的学生,教师可以在学习通上对其回答进行线上回复,夯实学生的价值认同。

第四部分 课后练习

一、单项选择题

1.（　）承载着一个民族、一个国家的精神追求,体现着一个社会评判是非曲直的价值标准。

A.核心价值观　　B.价值观　　C.法律　　D.制度

2.文化软实力的竞争,本质上是不同文化所代表的（　）的竞争。

A.道德　　B.法律　　C.制度　　D.核心价值观

3.（　）是涵养社会主义核心价值观的重要源泉。

A.中国精神　　B.时代精神　　C.中华优秀传统文化　　D.世界文明成果

4.（　）是我们党执政的最深厚基础和最大底气。

A.法律　　B.制度　　C.人民　　D.文化

5.（　）是社会主义核心价值观的根本特征。

A.人民性　　B.公平性　　C.正义性　　D.法治性

6.（　）是促进社会进步、人的自由全面发展的物质基础,体现了马克思主义唯物史观生产力标准的根本要求。

A.富强　　B.民主　　C.文明　　D.和谐

7.（　）是人类政治文明的重要成果,是现代社会的主要特征。

A.自由　　B.平等　　C.公正　　D.法治

8.（　）是个人立身处世的基本价值观,是社会存续发展的重要价值基石。

A.爱国　　B.敬业　　C.诚信　　D.友善

9.社会主义核心价值观,集中体现了（　）,是中国特色社会主义的根本价值导向。

A.马克思主义所倡导的价值理念

B.最先进的价值追求

C.最广泛的价值追求

D.最全面的价值追求

10.社会主义核心价值观与以往价值观的一个重要区别在于其（　）。

A.先进性　B.真实性　C.普世性　D.广泛性

11.社会主义核心价值观中,体现社会层面的价值要求的是( )。

A.富强、民主、文明、和谐

B.自由、平等、公正、法治

C.爱国、敬业、诚信、友善

D.社会主义荣辱观

12.社会主义核心价值观中,体现国家层面的价值要求的是( )。

A.富强、民主、文明、和谐

B.自由、平等、公正、法治

C.爱国、敬业、诚信、友善

D.社会主义荣辱观

13.社会主义核心价值观中,体现公民层面的价值要求的是( )。

A.富强、民主、文明、和谐

B.自由、平等、公正、法治

C.爱国、敬业、诚信、友善

D.社会主义荣辱观

14.党的( )提出,要倡导富强、民主、文明、和谐,倡导自由、平等、公正、法治,倡导爱国、敬业、诚信、友善,积极培育和践行社会主义核心价值观。

A.十七大　B.十八大　C.十九大　D.二十大

15.社会主义民主的本质是( )。

A.人民当家作主

B.实现全体人民的共同富裕

C.坚持人民代表大会制度

D.坚持政治协商制度

16.( )是社会主义中国的精神旗帜;这种精神是一种抱负,一种信仰,也是一种凝聚力和向心力。

A.社会主义公平观　　B.社会主义核心价值观

C.社会主义革命观　　D.社会主义民主观

17.我们要构建的社会主义和谐社会的总要求是:民主法治、( )、诚信友爱、充满活力、安定有序、人与自然和谐相处。

A.公平正义　　B.实现公平　　C.崇尚正义　　D.自由平等

18.社会主义核心价值体系是全党全国各族人民团结奋斗的( )。

A.共同思想基础　B.共同抱负　　C.共同纲领　　D.理论基础

19.社会主义核心价值体系是社会主义中国的( )。

A.指导思想　　B.本质表达　　C.精神旗帜　　D.奋斗基础

20.青年要( ),道不可坐论,德不能空谈。于实处用力,做到知行合一,核心价值观才能内化为人们的精神追求,外化为人们的自觉行动。

A.勤学　B.修德　C.明辨　D.笃实

二、多项选择题

1.价值观反映着以下哪些特点( )。

A.特定的时代精神　　　B.鲜明的民族特色

C.特定的阶级立场　　　D.未来的利益主张

2.社会主义核心价值体系主要包括( )。

A.马克思主义指导思想

B.中国特色社会主义共同理想

C.以爱国主义为核心的民族精神和以改革创新为核心的时代精神

D.社会主义荣辱观

3.社会主义核心价值观的基本内容( )。

A.富强、民主、文明、和谐　　B.自由、平等、公正、法治

C.爱国、敬业、诚信、友善　　D.富强、正义、爱国、法治

4.社会主义核心价值观的显著特征( )。

A.反映人类社会发展进步的价值理念　B.彰显人民至上的价值立场

C.因真实可信而具有强大的道义力量　D.国家文化软实力的建设重点

5."普世价值"就是一种极具( )并且带有鲜明政治倾向的价值观。

A.迷惑性　B.理论性　C.真实性　D.欺骗性

6.把社会主义核心价值观落细落小落实,要做到( )。

A.勤学　B.修德　C.明辨　D.笃实

7.培育和践行社会主义核心价值观是( )的重大举措。

A.有效整合我国社会意识　　　　B.凝聚社会价值共识

C.防范和化解社会矛盾　　　　　D.聚合磅礴之力

8.一个国家的文化软实力,从根本上说,取决于其核心价值观的( )。

A.生命力　　B.凝聚力　　C.感召力　　D.持续力

9.彰显人民至上的价值立场包括( )。

A.坚持人民历史主体地位

B.代表最广大人民的根本利益

C.反映最广大人民的价值诉求

D.引导最广大人民为实现美好社会理想而奋斗

10.新时代大学生要将社会主义核心价值观转化为人生的价值准则,做到( )。

A.勤学以增智　　B.修德以立身　　C.明辨以正心　　D.笃实以为功

三、辨析题

1.只有在社会主义社会,人民才可能真正实现平等。

2."普世价值"是指人类道德评价、审美评价的普遍性或共性。

3.当今世界,要说哪个政党、哪个国家、哪个民族能够自信的话,那中国共产党、中华人民共和国、中华民族是最有理由自信的。

四、论述题

1.请结合大学生活日常,论述大学生应该如何践行社会主义核心价值观。

2.请论述社会主义核心价值观和社会主义核心价值体系的关系。

3.伟大的事业需要并呼唤伟大的精神,伟大的实践需要并孕育伟大的价值。请论述支撑中国特色社会主义实践从辉煌走向辉煌的伟大价值是什么。

五、材料分析题

材料分析题一:

习近平总书记指出,核心价值观是一个民族赖以维系的精神纽带,是一个国家共同的思想道德基础。必须坚持以社会主义核心价值观引领文化建设,提高人民思想觉悟、道德水准、文明素养,为现代化建设提供价值引领和精神支撑。深入挖掘宁夏丰富的红色文化资源,讲好毛主席"吃土豆话初心""单家集夜话"等红色故事,以及崔景岳、钱崝泉等革命烈士先进事迹,弘扬以伟大建党精神为源头的中国共产党人精神谱系,发扬"不到长城非好汉"的革命精神、"走好新时代长征路"的奋斗精神、"社会主义是干出来的"的实干精神,筑牢同心同德向前进的共同理想信念。实施公民道德建设工程,推动社会主义核心价值观融入法治建设、社会发展、日常生活,弘扬中华传统美德,健全诚信建设长效机制,讲好道德模范等先进典型的故事,推动全社会崇德向善、礼让宽容。统筹推动文明培育、文明实践、文明创建,大力加强农村精神文明建设,让"文明之花"处处盛开、"文明之果"缀满枝头。

[选自《深入践行习近平文化思想 自觉担负起新的文化使命》,中共宁夏回族自治区委员会理论学习中心组.《光明日报》,2024-03-22(06)]

请结合材料谈谈你是如何理解核心价值观的。

材料分析题二:

抓好青少年重点群体,培养堪当民族复兴重任的时代新人。以社会主义核心价值观引领培养堪当时代重任的栋梁之才,把社会主义核心价值观贯穿于基础教育、高等教育、职业教育、继续教育各领域,创新工作方式方法,推进大中小学思想政治教育一体化建设,引导青少年扣好人生第一粒扣子,迈好人生第一步。坚持立德树人、德育为先,培养创新意识,鼓励青少年不畏艰险、团结奋斗,肩负起实现中华民族伟大复兴的时代重任,确保党的事业和社会主义现代化强国建设后继有人。

[选自《着力培育和践行社会主义核心价值观》,天津市中国特色社会主义理论体例研究中心.《人民日报》,2023-11-21(09)]

请结合材料谈谈青年如何扣好人生第一粒扣子。

材料分析题三:

2020年11月,习近平总书记在全国劳动模范和先进工作者表彰大会上的讲话中指出:"在长期实践中,我们培育形成了爱岗敬业、争创一流、艰苦奋斗、勇于创新、淡泊名利、甘于奉献的劳模精神,崇尚劳动、热爱劳动、辛勤劳动、诚实劳动的劳动精神,执着专注、精益求精、一丝不苟、追求卓越的工匠精神。"劳模精神、劳动精神、工匠精神是以爱国主义为核心的民族精神和以改革创新为核心的时代精神的生动体现。

2023年10月,全国宣传思想文化工作会议正式提出了习近平文化思想,会上传达了习近平总书记对宣传思想文化工作的重要指示。在重要指示中,总书记提出"七个着力"的具体要求,"着力培育和践行社会主义核心价值观"即是其中之一。

请根据材料谈谈践行社会主义核心价值观和弘扬工匠精神的内在联系。

参考答案

一、单项选择题

1.A 2.D 3.C 4.C 5.A 6.A 7.D 8.C 9.A 10.B
11.B 12.A 13.C 14.B 15.A 16.B 17.A 18.A 19.C 20.D

二、多项选择题

1. ABC 2.ABCD 3. ABC 4. ABC 5. AD
6. ABCD 7. ABCD 8. ABC 9. ABCD 10. ABCD

三、辨析题

1.正确。存在剥削制度与剥削阶级的社会中,平等不可能真正实现。资本主义私有制是社会分配不公的制度根源,必然导致社会贫富分化和阶级对立。只有在社会主义社会中,生产资料公有制代替私有制,剥削不复存在,人民才有真正实现平等的可能。

2.错误。"普世价值"是一种极具迷惑性、欺骗性并且带有鲜明政治倾向的价值观。所谓的人类道德评价和审美评价是特指的资本主义价值观,推行的并不是人类共同的价值观,而是特定的价值观及其背后的经济政治文化制度。资本主义价值观是在资本主义生产方式基础上形成的,从根本上说,是为资产阶级利益服务的。资产阶级把自己的利益说成是全体社会成员的共同利益,把自己的价值观以全人类的共同价值观装饰起来,其目的就是维护和攫取与之相关的最大利益。

3.正确。中国共产党让中华文明在现代化进程中焕发出新的蓬勃生机,让科学社会主义在21世纪焕发出新的蓬勃生机,用这么短的时间领导中华民族走出了屈辱的历史,解决了中华民族"挨打"和中国百姓"挨饿"两大历史性问题,以不可阻挡之势迈向

"更强"的发展。这些举世瞩目的成就,足以支撑起中国共产党立党执政的底气和自信,足够坚定道路自信、理论自信、制度自信、文化自信。有了"自信人生二百年,会当水击三千里"的勇气,我们就能毫无畏惧地面对一切困难和挑战,就能坚定不移开辟新天地、创造新奇迹。

四、论述题

1.一是要勤学。下得苦功夫,求得真学问。知识是树立社会主义核心价值观的重要基础,要勤于学习、敏于求知,注重把所学知识内化于心,形成自己的见解,既要专攻博览,又要关心国家、关心人民、关心世界,学会担当社会责任。二是要修德。加强道德修养,注重道德实践。人才的标准是德才兼备、以德为先,德是首要、是方向,只有明大德、守公德、严私德,其才方能用得其所。三是要明辨。善于明辨是非,善于决断选择。面对世界的深刻复杂变化,面对信息时代各种思潮的相互激荡,要学会思考、善于分析、正确抉择,做到稳重自持、从容自信、坚定自励。四是要笃实。扎扎实实干事,踏踏实实做人。于实处用力,从知行合一上下功夫,核心价值观才能内化为人们的精神追求,外化为人们的自觉行动。践行社会主义核心价值观非一时、非一事,大学生要持之以恒,落实到细处、小处和实处。

2.首先,二者紧密联系、互为依存、相辅相成,社会主义核心价值观是社会主义核心价值体系的精神内核,体现着社会主义核心价值体系的根本性质和基本特征,反映着社会主义核心价值体系的丰富内涵和实践要求,是社会主义核心价值体系的高度凝练和集中表达。其次,二者具有内在一致性,都体现了社会主义意识形态的本质要求,体现了社会主义制度在思想和精神层面的质的规定性,是实现中国梦的价值引领。

3.是"富强、民主、文明、和谐"的中国国家理念,"自由、平等、公正、法治"的中国社会精神,"爱国、敬业、诚信、友善"的中国公民品德。从内容方面来看,社会主义核心价值观最大限度地涵盖了现阶段最广大人民群众的普遍愿望和共同诉求,积极回应了社会各界对社会主义核心价值观的期待;从性质方面来看,社会主义核心价值观集中体现了社会主义的本质要求;从方向上来讲,社会主义核心价值观既吸收了中国优秀传统文化的价值精髓,突出中国特色,同时又借鉴了人类文明所创造的一切有益成果,彰显人类意义。

五、材料分析题

材料分析题一:

核心价值观承载着一个民族、一个国家的精神追求,体现着一个社会评判是非曲直的价值标准。社会主义核心价值观集中体现社会主义的本质属性,代表全体人民共同的价值追求。全社会积极弘扬和践行社会主义核心价值观,才能汇聚起建成社会主义现代化强国和实现中华民族伟大复兴的中国梦的磅礴力量。

材料分析题二:

面对世界范围内各种文化思潮交流交融交锋的新形势,面对整个社会思想观念呈现多元多样、复杂多变的新特点,青年健康成长成才更加需要正确价值观的引领,正确的价值观就是第一粒扣子,当代大学生要意识到自身肩负的历史使命,自觉加强价值观养成,树立正确的价值取向,把人生价值追求融入国家和民族事业,始终站在人民大众立场,同人民一道拼搏、同祖国一道前进,服务人民,奉献社会。

材料分析题三:

中国特色社会主义进入新时代,在中国由制造大国向制造强国转型的关键时期,社会主义核心价值观引领"工匠精神"向更高层次、更广领域、更高水平发展,工匠精神体现社会主义核心价值观的内在要求,成为培育和践行社会主义核心价值观新的实践载体。二者相互融合互动,为实现中华民族伟大复兴中国梦提供重要精神力量。工匠精神所呈现出来的爱国、敬业、诚信、友善,是社会主义核心价值观的生动实践。以社会主义核心价值观引领新时代工匠精神,以弘扬工匠精神作为践行社会主义核心价值观新的实践载体,是弘扬当代中国精神,推动实现中华民族伟大复兴中国梦的现实要求。新形势下,我们要自觉践行社会主义核心价值观,用劳动模范和先进工作者的崇高精神和高尚品格鞭策自己,焕发劳动热情,厚植工匠文化,恪守职业道德,将辛勤劳动、诚实劳动、创造性劳动作为自觉行为。

第五章

遵守道德规范 锤炼道德品格

第一部分 教案设计

教学目标

引导和帮助大学生掌握马克思主义道德观,深刻理解社会主义道德的核心、原则的科学内涵,深刻认识社会主义道德的本质,正确处理国家、集体和个人的关系,增强为人民服务的意识和集体主义观念。

引导和帮助大学生掌握中华传统美德的基本精神和创新创造以及中国革命道德的主要内容与当代价值,自觉继承并弘扬中华传统美德和中国革命道德,自觉树立社会主义道德观,同时以开放的胸怀和视野吸收借鉴人类文明的优秀道德成果,不断深化对社会主义道德的认识。

引导和帮助大学生正确把握向模范学习、参与志愿服务活动和引领社会风尚等基本理论。理解并领悟高尚道德品格的形成重在实践、贵在坚持,使大学生投身崇德向善的道德实践之中,努力做到向上向善、知行合一。通过学习强化社会责任意识、规则意识、奉献意识,养成优良的道德品质,为成为以民族复兴为己任的时代新人奠定良好的道德基础。

教学重点

1. 为人民服务为什么能成为社会主义道德的核心。
2. 集体主义为什么是社会主义道德的原则。
3. 中华传统美德的基本精神和创新创造。
4. 中国革命道德的主要内容和当代价值。
5. 社会公德的主要内容。
6. 职业生活中的道德规范、职业生活与劳动观念的关系。
7. 个人品德与社会公德、职业道德和家庭美德的关系。

教学难点

1. 如何坚持以为人民服务为核心。

2.如何理解集体主义的几个层次。

3.如何传承中华传统美德和弘扬中国革命道德。

4.如何借鉴人类文明优秀道德成果。

5.如何践行家庭美德、传承优良家风。

教学准备

教案、课件、视频资料、多媒体教室、网络学习平台、实践基地等。

通过网络学习平台发布课前任务：

1.收集"人民的好公仆"焦裕禄、"中国核潜艇之父"黄旭华等道德楷模的感人事迹，探讨社会主义道德的核心。

2.收集《重庆谈判》《烈火中永生》等红色革命故事，探究中国革命道德的时代价值。

3."回顾百年党史，解码红色家风"，收集红色家风故事、家训、家规或家书等，研讨古人涵养个人品德的方法。

教学方法

理论讲授法、案例分析法、讨论式教学法、研究式教学法等。

教学课时

第一节2学时，第二节2学时，第三节4学时，共8学时。

教学过程

第一节 社会主义道德的核心与原则

◎ 课程导入：

2022年8月9日开始，重庆市北碚、巴南、大足、长寿、江津等地先后发生多起森林火灾。火灾发生后，甘肃森林消防总队靠前驻防分队、重庆消防救援总队1200余名指战员先期投入扑救行动,云南、四川森林消防队伍1000余人跨省增援。各路驰援的救援团队,重庆市民自发组成的志愿服务队,逆行而上的普通人……在各方的共同努力下,8月26日,重庆森林火灾各处明火全部扑灭,其中一些感人瞬间成为难忘的记忆。在肆虐的山火面前,大家牢牢拧成一股绳,每一个人都竭尽所能,无数的凡人微光聚拢成灿烂星河,绘就了团结一心、同心灭火的时代画卷。

[常碧罗.《人民日报》,2022-09-08(05),有改动]

提问:"团结一心、同心灭火"的时代画卷背后体现了一种什么样的道德力量?何谓道德?社会主义道德的核心与原则是什么?

◎课程内容:

一、人为什么需要道德?——马克思主义道德观的基本观点

社会主义道德不是一时兴起的,而是建立在马克思、恩格斯有关道德问题的基本论述之上的。马克思主义道德观认为,人类社会的实际情况是,"物质生活的生产方式制约着整个社会生活、政治生活和精神生活的过程"。因此,道德的起源问题,必须从这一实际出发来认识和把握。

(一)道德的起源

1.结合"湿猴理论"寓言故事,引导学生讨论:道德是人类与生俱来的本能行为吗?

讲解:道德不是人类与生俱来的本能行为,是他律到自律的过程,是无意识到有意识的过程。

2.理论讲授。

在马克思主义产生之前,"情感欲望论""动物本能论""先天人性论""天意神启论"等学说,都没有正确揭示"人为什么需要道德""道德是从哪里来的"等基本问题。马克思、恩格斯认为,劳动是人类道德产生的第一个历史前提;社会关系是道德赖以产生的客观条件;人的自我意识是道德产生的主观条件,即,当从事生产劳动的人意识到必须通过道德来约束自身行为之时,道德的产生就成为必然的了。

马克思主义在人类思想史上第一次科学而全面地论述了道德的起源问题,

强调道德属于上层建筑的范畴,是一种特殊的社会意识形态,为正确认识和理解道德的本质奠定了基础。

(二)道德的本质

1.理论讲授。

道德是反映社会经济关系的特殊意识形态(道德的产生、发展和变化,归根结底源于社会经济关系);道德是社会利益关系的特殊调节方式(道德是一种调整人与人、人与社会、人与自然以及人与自身之间关系的特殊的行为规范,即道德首先是一种被经济基础所决定并能对经济基础有反作用的特殊的行为规范);道德构成社会利益关系的特殊调节方式,并且是一种实践精神,在本质上是知行合一的(道德是一种旨在通过把握世界的善恶现象而规范人们的行为,并通过人们的实践活动体现出来的社会意识)。

2.歌曲欣赏:《公民道德歌》。

(三)道德的功能与作用

1.举例:疫情期间,广大人民群众集聚起团结如一人的强大合力,书写了气势磅礴的战疫篇章,14亿多中国人民同呼吸、共命运,肩并肩、心连心,绘就了团结就是力量的时代画卷。

提问:"团结就是力量"的时代画卷背后体现了一种什么样的道德力量?

通过讲述全国人民团结一致聚合力、上下齐心战疫情的事迹,学生受到触动,通过提问引发学生思考,初步感悟到以为人民服务为核心、以集体主义为原则的社会主义道德的力量。

2.材料:《"争做堪当民族复兴重任的时代新人"》[《人民日报》,2022-05-05(04)]。

结合习近平总书记在中国人民大学考察时的有关论述,引导学生思考讨论并初步理解道德之于国家、社会和个人的重要作用。然后从道德对于国家和社会,以及个体两个方面深刻说明道德的作用(道德之于国家和社会,维系社会稳定,促进国家发展。道德之于个体,提高人的精神境界、促进人的自我完善、推动人的全面发展)。

同时,引导学生辨明"道德万能论"和"道德无用论"两种极端观点,并通过学习通的讨论模块,请学生通过深度思辨否定两种观点。

3.只有反映先进生产力发展要求和进步阶级利益的道德,才会对社会的发展和人的素质的提高产生积极的推动作用,否则,就不利于甚至阻碍社会的发展和人的素质的提高。讨论的目的是使学生深刻理解道德对于国家和社会,以及对于个体的重要作用。

二、社会主义道德为什么是先进的？——社会主义道德是崭新类型的道德

道德不仅不是凭空产生的,而且也不是亘古不变的。迄今为止,人类社会先后经历原始社会、奴隶社会、封建社会、资本主义社会和社会主义社会五种形态,与此相适应出现了五种道德形态。社会主义道德是崭新的道德,在社会主义社会有部分先进分子还身体力行共产主义道德。

分析总结:五种形态的社会道德分别有什么特点？社会主义道德为什么比其他社会的道德更先进？社会主义道德的先进性体现在哪些方面？

案例:焦裕禄。

引发学生思考并讨论:为何在中国会有焦裕禄这样先进的优秀共产党员？从而引出"坚持以为人民服务为核心"内容的学习。

三、为人民服务高不可攀吗？——坚持以为人民服务为核心

(一)结合马克思恩格斯列宁的经典论述——明确为什么人服务是道德的核心问题

播放视频:《张思德:全心全意为人民服务的楷模》。

简要介绍为人民服务的提出,以时间线的形式讲解"为人民服务"概念的首次提出,完整地提出为人民服务的命题,发表《为人民服务》的著名演讲,将"全心全意为人民服务"作为党的宗旨写入党章(为人民服务:从提出到写入党章)。在教学过程中,结合视频与课内实践活动,使学生充分感受到张思德精神的丰富内涵与时代意蕴。

在此基础上,使学生了解为人民服务是中国共产党践行的根本宗旨,结合

黄文秀的案例,让学生进一步理解为什么一百多年来人民群众始终拥护中国共产党,就是因为我们党始终坚持全心全意为人民服务。

课堂辨析:是"为人民币服务",还是"为人民服务"?

(二)结合社会主义市场经济现实,从两个方面阐释社会主义道德的本质要求

为人民服务是社会主义经济基础和人际关系的客观要求,是社会主义市场经济健康发展的要求。

四、集体主义过时了吗?——坚持以集体主义为原则

道德原则是道德规范体系的总纲,它最直接最集中地反映着一定社会经济关系和利益关系的根本要求,代表着一定阶级的根本利益和长远利益。社会主义道德的原则是集体主义。在我国,国家利益、社会整体利益和个人利益根本上的一致性,使集体主义应当而且能够在全社会范围内贯彻实施。

辨析:作为社会主义道德原则的集体主义是遥不可及的。

案例:奋进新时代的空中铁拳——空军航空某团飞行二大队。

结合案例,重点分析集体主义的层次性——集体主义可分为三个层次的道德要求。

第一个层次是无私奉献、一心为公。这是集体主义的最高层次。

以空军某试飞大队为例,介绍他们随时准备为捍卫国家主权、安全和领土完整奉献一切,这些试飞英雄就是践行集体主义道德原则的代表人物。

第二个层次是先公后私、先人后己。这是已经具有较高社会主义道德觉悟的人能够达到的要求。

问题探讨:"大公无私"与"先公后私"是矛盾的吗?

组织学生思考讨论,注意厘清学生的困惑,使学生进一步理解无私奉献和先公后私并不是对立的,"大公无私"与"先公后私"是集体主义道德要求的不同层次,都是集体主义的真实体现。

第三个层次是顾全大局、遵纪守法、热爱祖国、诚实劳动,以正当合法的手段保障个人利益。这是对公民最基本的道德要求。

问题探讨:社会主义市场经济条件下,集体主义已经过时了,对吗?

首先使学生了解集体主义既反映社会主义社会利益关系的根本要求,也反映着社会主义经济关系的根本要求,因而集体主义仍然可以作为社会主义道德的基本原则。

其次阐明集体主义有助于克服市场自身的弱点和消极方面,保证社会主义市场经济的有序健康发展。为了更好应对经济生活领域和道德生活领域的新变化和新问题,我们需要进一步坚持、丰富和完善集体主义原则。

最后引导学生得出结论:当今社会,集体主义非但没有过时,反而散发出更加灿烂的光芒。集体主义离我们并不遥远,就存在于我们的学习、工作和生活之中,人人都可以而且应当践行集体主义原则。

◎课程小结:

大学生提高自身的道德素质,需要认真学习道德的基本理论,树立马克思主义道德观,坚持以为人民服务为核心、以集体主义为原则,弘扬社会主义道德,尊重人、理解人、关心人,为人民、为社会、为国家多做好事、多作贡献,正确认识和处理国家利益、社会整体利益和个人利益的关系,自觉坚持个人利益服从集体利益、局部利益服从整体利益、当前利益服从长远利益,反对小团体主义、本位主义和极端个人主义。

第二节　吸收借鉴优秀道德成果

◎课程导入:

2021年4月19日,习近平总书记在清华大学考察时指出:"要锤炼品德,自觉树立和践行社会主义核心价值观,自觉用中华优秀传统文化、革命文化、社会主义先进文化培根铸魂、启智润心,加强道德修养,明辨是非曲直,增强自我定力,矢志追求更有高度、更有境界、更有品位的人生。"

提问:我们为什么要传承中华传统美德、发扬中国革命道德和借鉴人类文明优秀道德成果?

◎课程内容:

道德不是凭空产生的,社会主义道德也不是凭空产生的。中华传统美德是社会主义道德的源头活水,蕴含着丰富的思想道德资源;中国革命道德是对中华传统美德的继承和发展,成为社会主义道德的红色基因;人类文明优秀道德成果则构成社会主义道德的外来借鉴。

一、如何传承中华传统美德,激活社会主义道德的源头活水

1.结合我国古代思想家的论述及相关拓展素材讲解中华传统美德的基本精神,加深学生对其中蕴藏的中国智慧的理解,进而加深感悟:中华传统美德能够为自身的成长提供精神滋养。

播放视频:《典籍里的中国》第五集《论语》。

利用学习通发起讨论:《论语》作为中华优秀传统文化的核心经典,蕴含着哪些丰厚的中华传统美德资源?

2.中华传统道德是一个矛盾体,具有鲜明的两重性,既包含精华的部分,也有糟粕的部分。比如"义",既包含了正义、信义、道义、情义等积极进步的一面,又包含了劫富济贫、有仇必报、哥们儿义气等消极落后的一面。传承中华传统美德,不是简单复古,而是古为今用、推陈出新,"以古人之规矩,开自己之生面",处理好继承和创新的关系,重点就是要做好创造性转化和创新性发展,使之真正转化为中华民族的突出优势和最深厚的文化软实力。只有努力实现中华传统美德的创造性转化、创新性发展,才能更好地滋养社会主义道德建设。

导入案例:中国核潜艇之父——黄旭华的忠孝观。

3.对待中华传统道德,要反对"复古论"和"虚无论"两种错误思潮,结合时代要求继承创新,让中华文化展现出永久魅力和时代风采。

辨析:中华传统美德已经过时了吗?

二、如何发扬中国革命道德,让红色基因代代相传

提问:美国记者斯诺眼中的"东方魔力"是什么?

思考:什么是中国革命道德?中国革命道德对中国的革命、建设、改革事业发挥了怎样的重要作用?为什么对于今天仍然具有重要的现实意义?

以此讲解中国革命道德的内涵及其作为一种精神力量对中国的革命、建设、改革事业发挥的重要作用。

结合《方志敏：用生命捍卫信仰》《1935年春夜茍坝那盏马灯》等故事具体讲解中国革命道德的主要内容，着重加强学生的情感认同，促使学生更深入地理解中国革命道德的重要作用。

结合《"我们要做祖国最明亮的眼睛"》讲解中国革命道德的当代价值，使学生对其现实意义加深理解。

结合《昨天你用生命捍卫我们，今天我们用法律保护你》着重阐明发扬中国革命道德，要自觉同各种歪曲历史、诋毁英雄的历史虚无主义作坚决斗争。

三、如何借鉴人类文明优秀道德成果，在交流互鉴中汲取有益营养

播放视频：《习近平"典"亮新时代·文明多样性篇》。

阐明习近平总书记一直强调的多样性对于人类文明的重要意义，倡导平等、互鉴、对话、包容的文明观，让一切文明的精华造福当今、造福人类。在此基础上讲解为什么要借鉴人类优秀道德成果，以及如何借鉴人类优秀道德成果，强调要在鉴别中吸收、在吸收中消化，让中华文明不断为人类社会共同进步作出新贡献。

◎ 课程小结：

弘扬社会主义道德，推进新时代公民道德建设，必须坚持马克思主义道德观，充分吸收借鉴各种优秀道德成果。社会主义道德不是凭空产生的，中华传统美德是中华文化的精髓，蕴含着丰富的思想道德资源；中国革命道德是对中华传统美德的继承和发展，是社会主义道德的红色基因。大学生应当自觉继承并弘扬中华传统美德和中国革命道德，同时以开放的胸怀和视野吸收借鉴人类文明的优秀道德成果，不断深化对社会主义道德的认识。

第三节　投身崇德向善的道德实践

◎**课程导入：**

课堂讨论：

1.如果有人倒地了，你会去救吗？

2.如果你将要救的人，曾经骗过你，你会去救吗？

3.如果你的亲人倒地，你希望有人去救吗？

◎**课程内容：**

社会公共领域、职业领域、家庭领域、个人生活领域，构成了每个社会成员生存和发展的空间，因此，社会主义道德的实践也应在这四个领域之中展开。践行社会主义道德，就要提升对这四个领域道德的全面认识，并有针对性地践行其相关重点要求。

通过学习通发布课前学习任务：

1.观看视频：《红色影像：大国工匠》。

2.观看视频：《大国工匠丨程平：用焊花熔铸匠心》。

3.阅读材料：《自主创新路　拳拳赤子心》。

一、如何在社会上做一个好公民——遵守社会公德

(一)公共生活与公共秩序

当今世界，公共生活的领域更为广阔，具有以下四个方面的特征。一是活动范围的广泛性，二是活动内容的开放性，三是交往对象的复杂性，四是活动方式的多样性。公共生活领域越扩大，对公共秩序的要求就越高。

(二)公共生活中的道德规范

1.播放视频：《男子高铁霸座并叫嚣：年入两千万！要请律师让乘警坐牢》。

2023年8月15日22时许，从浙江杭州开往安徽阜阳的列车上，一男子持无座车票霸座，还叫嚣着让乘警坐牢。该事件引发广泛关注。据媒体报道，乘警与该男子沟通了半小时无果，为不影响列车运行，最终放弃让其离开座位，直到该男子下车。

2.讨论:怎样评价高铁霸座男的言行?

3.案例:《遏制"破窗效应"——"文明是管出来的"系列评论之三》。

一片绿茵茵的草地,如果有一个人踩过而这个脚印尚存,后面就会有无数个人将草地踩踏成寸草不生;一面墙上如果出现一些涂鸦没有清洗掉,很快墙上就布满了乱七八糟、不堪入目的东西;一个新入住的楼宇,人们不会随便扔垃圾,但是一旦楼道上有垃圾出现,人们就会毫不犹豫地随地乱扔垃圾;十字路口,一个行人闯红灯没有受到阻止或处罚,后面就会有大量行人"前赴后继"。而所有这些违反社会公德的人都神态自若、面无愧色。这就是心理学上的"破窗效应"。

"破窗效应"认为,环境中的不良现象如果被放任不管,会诱使人们效仿,甚至变本加厉。有人打破了一幢建筑物的窗户,如果这扇窗户得不到及时维修,其他人打破更多窗户也不会感到自责。久而久之,人们习以为常,导致恶性循环,就会有"更多的窗户被打破"。

4.讨论。

讨论一:如何看待发生在公共场所的这些不文明行为乃至违法事件?

讨论二:你会是下一个打破"窗户"的人吗?面对"破窗"该怎么办?

面对"破窗",我们首先要放下手中的那块石头。文明素养是现代公民应有的基本要求。每个打破窗户的人,在举起石头的一刹那,同时也扔掉了对文明的敬畏,把人性中最丑陋的一面公之于众。恪守规则意识、增强文明意识,守护好每一扇城市文明的"窗口",坚定拒绝做下一个跟风的"砸窗者",是每一个文明市民的应有之责。我们要对打破文明之"窗"的第一人"零容忍"。不以问题小而姑息,不以违者众而放任。对任何不文明的人和事、言与行,无论大小如何、轻重与否,都必须露头便打,把一些负面行为扼杀在萌芽状态。面对"破窗",我们要尽量把所有"破窗"都及时修补上。我们不仅不做下一个打破"窗户"的人,更要努力去做修复"第一扇破窗"的人。"打破"容易,"修补"不易,且行且珍惜。

组织学生讨论对社会公德的理解,结合学生的想法讲解遵守社会公德的重要性以及社会公德的主要内容,引导学生自觉培养公德意识。

(三)网络生活中的道德要求

1.呈现材料:中国互联网络信息中心2023年8月28日在京发布第五十二次《中国互联网络发展状况统计报告》。报告显示,截至2023年6月,我国网民规模达10.79亿人,较2022年12月增长1109万人,互联网普及率达76.4%。

2.自由讨论:上述材料说明了什么? 互联网带给我们的就是"便捷"吗?

讲解:人类已进入互联网时代,我国已成为网络大国。网络走进千家万户,融入社会生活的方方面面,我们的生活已与互联网深度融合,没有网络会给我们的生活带来很多不便,我们已经处在互联网时代了。但互联网带给我们的"便捷与风险"并存。

3.呈现案例:《沉迷网络直播打赏债台高筑,重庆一干部因犯受贿罪被判11年》。

4.分组讨论:如何正确使用网络工具?

讲解:网络生活中的道德要求,正确使用网络工具,加强网络文明自律,营造良好网络道德环境。大学生要成为营造清朗网络空间的正能量。

二、如何在工作中做一个好建设者——恪守职业道德

1.结合《微视频|劳动铸就中国梦》,习近平总书记关于劳模精神、劳动精神、工匠精神的重要论述,引导学生明确职业生活中要树立正确的劳动观念。

2.结合《"最美奋斗者"孔祥瑞:从码头工人到"蓝领专家"》等人物事迹讲解职业生活中的道德规范,通过课内实践主题分享活动,请学生谈谈心中的职业楷模,明确奋斗目标。

3.链接视频《大学生"新农人"助力端牢"中国饭碗"》、大学生群体的优秀代表张广秀等人物事迹,引导学生树立正确的择业观和创业观。

三、如何在家庭里做一个好成员——弘扬家庭美德

事业成功,往往与美好的爱情和美满的婚姻家庭密切相关。从恋爱到结婚和建立家庭,是人生需要经历的阶段。

常言道,"百善孝为先",儒家十三经之一的《孝经》中写道:"夫孝,德之本

也,教之所由生也。"由此可见,孝是道德之本、百善之源。引导学生思考应该如何与父母相处,如何践行"孝",怎样在家庭中做一个好成员?

首先,链接案例《永不负"娘的心"》、视频《「习声回响」我们身边最朴素的家风》,讲解不论时代发生多大变化,生活格局发生多大变化,都要重视家庭建设,注重家庭、家教、家风。

其次,结合视频《陈重私:孝心男孩 带着病母上大学》,讲解大学生要积极弘扬践行家庭美德,向陈重私等践行家庭美德的楷模学习,推动形成社会主义家庭文明新风尚。

最后,组织学生讨论:如何看待"爱情至上"和"游戏爱情"?什么样的爱情会让我们变得更好?引导学生遵守恋爱中的道德规范,树立正确的恋爱观与婚姻观。

四、如何在日常生活中养成好品行——锤炼个人品德

在现实生活中,社会公德、职业道德和家庭美德建设,最终都要落实到个人品德的养成上。个人在道德品质上不断完善并尽可能地去引领社会风尚,是社会主义道德的应有之义和本质规定。我们该如何在日常生活中养成好品行呢?

首先,结合视频《福哥说格言002|从善如登 从恶如崩》,讲解要涵养高尚道德品格,需要把正确的道德认知、自觉的道德养成与积极的道德实践紧密结合起来。

其次,结合视频《志愿者:北京冬奥会温暖的雪花》,讲解道德修养重在践行,强调要向道德模范学习,培养志愿服务精神,大力弘扬时代新风。

最后,链接案例《采访路上,遇见新时代的中国青年》,阐明投身崇德向善的道德实践,要弘扬真善美、贬斥假恶丑,做社会主义道德的示范者和引领者,引导大学生要以自身的行为带领其他社会成员共同形成知荣辱、讲正气、作奉献、促和谐的社会风尚。

课后拓展 1

讨论:《"大国工匠唱响新时代'劳动者之歌':磨砺收获成长 创新成就梦想"》给你哪些启示?

> **课后拓展2**

讨论:在大学里,关于"爱",你曾碰到过什么样难以解决的问题?爱该如何说出口?爱该如何拒绝?爱该发展到什么地步?

◎ **课程小结:**

公民道德建设,对于提高人民思想觉悟、道德水准、文明素养,提高全社会文明程度,具有至关重要的作用。弘扬社会主义道德,必须坚持以为人民服务为核心、以集体主义为原则,推进社会公德、职业道德、家庭美德、个人品德建设。大学生要自觉讲道德、尊道德、守道德,做社会主义道德的践行者、示范者和引领者。

◎ **总结提高:**

通过理论讲授、课堂研讨、观点辨析、案例分析、课后实践等教学活动,课堂氛围被有效激活,充分体现了学生为主体、教师为主导的教学理念。通过习题测试,学生基本掌握了马克思主义道德观的基本观点、社会主义道德的核心与原则。大部分学生的团队协作能力有效提升,能够作出正确的价值判断,积极参加各类道德实践,教学目标较好达成。因课堂时间有限,对个别学生的一些道德失范行为,未能持续引导学生进行反思和纠正,课后还需持续跟进督促。还需结合高职教育的特点和授课学生的学情、专业,挖掘收集地方教育资源,感受社会主义道德的力量,以及进一步利用好校内外实践研修基地,认真践行社会主义道德,做社会主义道德的示范者和引领者,促成知荣辱、讲正气、作奉献、促和谐的社会风尚。

第二部分 案例分析

案例一

案例呈现

方志敏：用生命捍卫信仰

1934年11月初,时任红10军团军政委员会主席的方志敏,奉命率红军北上抗日,途中遭国民党重兵围追堵截,于1935年1月29日被俘。同年8月6日,在江西南昌英勇就义,年仅36岁。在狱中,方志敏写了《我从事革命斗争的略述》《可爱的中国》《清贫》《狱中纪实》等16篇文稿,他用敌人劝降的纸笔写下了一个共产党人对信仰的忠诚与执着。

被捕入狱后,方志敏写道:"敌人只能砍下我们的头颅,决不能动摇我们的信仰!因为我们信仰的主义,乃是宇宙的真理!为着共产主义牺牲,为着苏维埃流血,那是我们十分情愿的啊!"国民党为了劝降方志敏,不择手段地进行威逼利诱。蒋介石曾指使原国民党中央监狱长"劝方自首,将功赎罪"。方志敏的铮铮誓言,使得若干年后监狱长回忆起这件事时仍感叹:"我感到方志敏信仰坚定,胸怀广阔,是一个非凡的人才。"在一场突然的提审中,法官"善意"地提醒方志敏不要固执己见,所谓共产主义不过是盲从,或者需要很长时间才能实现的东西,不值得用现实的生命去换取。方志敏回答:"我方志敏不爱爵位也不爱金钱。我完全知道这个结局。但既然不能两全,我只有选择一死。"最终,方志敏慷慨就义,用生命捍卫信仰。

[李鹏.《人民日报》,2018-06-26(18),有改动]

思考讨论

1.作为新时代高职大学生,我们要向方志敏等革命先烈学习什么?

2.请结合革命先烈方志敏的英勇事迹,谈谈你对"为实现社会主义和共产主义的理想而奋斗"的理解。

案例点评

方志敏（1899—1935），江西弋阳人，伟大的无产阶级革命家、军事家，杰出的农民运动领袖，土地革命战争时期赣东北和闽浙赣革命根据地的创建人。毛泽东称他创建的红色根据地为"方志敏式"的根据地。1935年，年仅36岁的方志敏慷慨就义。他用敌人劝降的纸笔写下了一个共产党人对信仰的忠诚与执着，用生命捍卫了共产主义理想。方志敏同志对革命事业忠心耿耿，对共产主义信仰坚定不移，对革命大局全力维护，他的崇高品格和浩然正气凝聚为我们党宝贵的精神财富！新时代新征程上，我们要弘扬方志敏同志"爱国、创造、清贫、奉献"的革命精神，就要牢固树立共产主义远大理想，做一个信仰坚定的人。

列宁指出："为巩固和完成共产主义事业而斗争，这就是共产主义道德的基础。"坚持社会主义和共产主义理想信念的不屈不挠的精神，是革命道德的灵魂。无数革命先烈，正是为了实现这样一个崇高的理想，毫不犹豫地献出了自己的生命。夏明翰写下"砍头不要紧，只要主义真。杀了夏明翰，还有后来人"的豪言壮语，方志敏发出"敌人只能砍下我们的头颅，决不能动摇我们的信仰"的坚定誓言。这些革命先烈之所以能够排除万难、坚持斗争、无私无畏、不怕牺牲，就是因为他们有坚定的社会主义和共产主义的理想信念。

使用建议

本案例可用于第五章"遵守道德规范 锤炼道德品格"第二节"吸收借鉴优秀道德成果"第二目"发扬中国革命道德"关于"中国革命道德的主要内容"问题的讲解。通过讲解方志敏同志的英勇事迹，引导新时代高职大学生加深对"中国革命道德的主要内容"的理解。

案例二

案例呈现

"最美奋斗者"孔祥瑞：从码头工人到"蓝领专家"

孔祥瑞，1955年1月生，天津市人，天津港中煤华能煤码头有限公司一队（孔祥瑞操作队）原队长，天津港（集团）有限公司科学技术协会原副主席。在工作中，他坚持边干边学，学以致用，练就了"听音断病"的绝活，成为"排障能手"。

他先后组织实施180余项技术创新,获得16项国家专利,为企业创造经济效益超亿元,荣获全国优秀共产党员、全国劳动模范等荣誉称号。

把码头当课堂,改造设备性能,大幅提升全年装卸任务量

1972年初中毕业后,17岁的孔祥瑞被分配到天津港工作。不久后,孔祥瑞成为天津港第一代大型门吊司机,他如饥似渴地钻研技术操作。"拿着设备说明书一项一项地啃,不明白的就查资料、找人问。"20世纪80年代,天津港发展驶入了快车道,各种新型设备层出不穷。"那段时间,我自学了力学、机械原理、液压、电工学、材料等学科的知识,为我后面的工作打下了坚实基础。"

"可以没有文凭,不可以没有知识"——这是孔祥瑞特别喜欢的一句话。他把码头当课堂,靠着勤奋学习摸透了不同机械设备的性能。

2001年,作为当时天津港最大的装卸公司,六公司承担的作业量达2500万吨以上,意味着18台门机任务总量要增长30%。担任六公司固机队党支部书记、队长的孔祥瑞也犯了难:"18台门机每年最多能完成2300万吨,怎么办呢?"

"我就在设备旁边转悠,我发现,门机抓斗放料时,起升动作间有短暂的停滞,用秒表一掐,有16秒左右。如果把这个作业空当利用起来,不就能提高效率吗?"孔祥瑞说。他和队里的技术骨干一起攻关,对指挥门机抓斗的主令控制器进行改造,将手柄移动轨迹由十字形调整成五角星形,使抓斗起升、打开控制点合二为一,大幅缩短了起升之间的停滞时间。

"一周之内,我们改造了所有门机,每台平均每天多干480吨,把公司全年装卸任务量提高到2717万吨,相当于完成了全港27%的吞吐量。"孔祥瑞说。后来,这个操作法被天津市总工会命名为"孔祥瑞门机主令器星型操作法"。

钻研技术创新,获得16项国家专利,为企业创造经济效益超亿元

入行多年,孔祥瑞坚持每天随身携带一个小本子,设备出现哪些故障、什么原因、修理过程、注意事项等内容都一一记录在案。日积月累,他对各种操作技术参数烂熟于心,成为一名优秀的"排障能手",练就了一项"听音断病"的绝活。

2004年下半年,为了保障"迎峰度夏"电煤抢运,当时调至煤码头公司的孔祥瑞几乎整个夏天没有休息,每天早来晚走,有时甚至吃住在单位。在团队的共同努力下,公司全力提高设备运行效率和推进整体工作进度,圆满完成了保供任务。2009年,针对航运业新情况新任务,孔祥瑞经过调研,建议公司开展

"煤炭破碎筛分"业务,并参与了设备选型、招投标、安装调试全过程。公司当年实现收入6500万元,获利润4000万元。

多年钻研技术创新,孔祥瑞成长为生产一线的"蓝领专家"。他先后组织实施180余项技术创新项目,获得16项国家专利,为企业创造经济效益超亿元,推动了我国港口系统设备接卸煤炭技术等领域的技术进步。

传承工匠精神,带动更多青年技术工人快速成长

孔祥瑞先后获评全国劳动模范、全国优秀共产党员、100位新中国成立以来感动中国人物等荣誉,但他谦虚地说:"我只是一名工人,我取得的成绩属于整个团队。参加工作以来,我真切地感受到,知识改变命运,劳动创造光荣!"

在孔祥瑞的言传身教和影响下,一批批青年技术工人快速成长。近年来,天津港成立了"孔祥瑞劳模创新工作室",先后开展百余项技术创新项目;天津港"孔祥瑞杯"职业技能大赛也已经连续举办十八届。

2017年退休后,孔祥瑞受聘为职业技能竞赛评委。每年,他不仅对参赛选手进行点评,还对这些未来的"大国工匠"们进行培训。截至目前,孔祥瑞已连续参加了七届赛事活动,培训了上百名选手。

如今,孔祥瑞依旧牵挂着港口事业,也感受到了天津港这几年的新变化,"我要不遗余力地把自己的经验传授给更多年轻人,将工匠精神传承下去。"孔祥瑞说。

[靳博.《人民日报》,2023-03-23(06),有改动]

思考讨论

1.孔祥瑞从码头工人到"蓝领专家"的秘诀是什么?
2.请结合案例谈谈你对"职业生活与劳动观念"的理解。

案例点评

爱岗敬业,苦练技能,钻研创新。40多年的职业生涯,孔祥瑞留下了30多本工作日志。他常说,产业工人,干事创业要能顶得上去,琢磨技术、学习知识要能坐得下来。正是凭着这股子精气神,孔祥瑞先后组织实施了180余项技术创新,获得了16项国家专利,为企业创造经济效益超亿元。伟大源于平凡,劳动创造光荣。新时代的产业工人,需要具备怎样的素质,如何实现自身价值?孔祥瑞用行动给出了自己的答案。有耕耘必有收获,每个人都应在平凡的岗位上兢兢业业,努力创造出不平凡的业绩!

正确的劳动观念是维系人们职业活动和职业生活的思想观念保障。在职业生活中,必须牢固树立"劳动最光荣、劳动最崇高、劳动最伟大、劳动最美丽"的观念,通过劳动创造更加美好的生活。无论从事什么劳动,都要干一行、爱一行、钻一行。只要踏实劳动、勤勉工作,在平凡岗位上也能干出不平凡的业绩。幸福源自奋斗,成功在于奉献,平凡孕育伟大。事实上,只要有志气有闯劲,普通劳动者都可以在宽广舞台上实现自己的人生价值。劳动模范孔祥瑞平凡而感人的事迹,就充分地说明了这一点。

使用建议

本案例可用于第五章"遵守道德规范 锤炼道德品格"第三节"投身崇德向善的道德实践"第一目"恪守职业道德"关于"积极引领社会风尚"问题的讲解。通过讲解"最美奋斗者"孔祥瑞从码头工人到"蓝领专家"的秘诀,引导高职大学生加深对"职业生活与劳动观念"的理解。

第三部分 实践环节

实践目的

通过"学习道德楷模引领社会风尚"之展演活动实践教学,教育和引导学生自觉践行爱国奉献、明礼遵规、勤劳善良、宽厚正直、自强自律等个人品德要求,形成善良的道德意愿、道德情感,培育正确的道德判断和道德责任,提高道德实践能力尤其是自觉实践能力,向往和追求自觉讲道德、尊道德、守道德的生活。培养学生实事求是的科学态度、严格的科学作风和探索进取、相互协作的团队精神。

活动设计

一、活动内容

1.各小组宣讲"人民的好公仆"焦裕禄、"中国核潜艇之父"黄旭华、"最美奋斗者"孔祥瑞、大国工匠高凤林等道德楷模的感人事迹。

2.各小组表演《重庆谈判》(片段)、《信仰者》(片段)、《烈火中永生》(片段)、《觉醒年代》(片段)等情景剧。

(包含以上但不限于方案中提及的内容,各小组任选其一展演即可。)

二、活动要求

1.以小组(6人左右,推选一位组长)为单位完成其中一个任务。

2.小组组长协调分配每一位组员的展演任务(或角色扮演),并督促其按时完成。

3.展演小组须在展演前一周提交作品初稿,如讲稿(或剧本台词、道具准备)、PPT(或展演舞台布置设想)及配套视频等,经教师指导后再次完善展演作品。

4.推荐2名学生作主持人,主持人需提前熟知各小组展演作品名称。小组长提前在主持人处抽签确定展演出场顺序,小组展演时间请控制在5—10分钟以内。

5.所有的活动务必有痕迹,形成饱满、丰富的实践支撑材料并进行实践成果展示。

注意事项

(一)准备阶段

教师应依据教学大纲与人才培养方案,结合本专题主要内容,找准教材知识体系、教学重点、社会热点与宣讲或展演选题之间的契合点,明确宣讲或展演的主题与方向,以供实践小组自由选择,主题选择是宣讲或展演实践教学的灵魂,必须凸显思想政治教育的功能,符合传播正能量、弘扬主旋律的理念。

(二)创作阶段

讲稿或剧本是宣讲或展演的基本依据,讲稿或剧本的质量决定展演的质量。讲稿或剧本要立意高远,具有政治性和思想性,突出内容为王,紧密结合本专题教学要点。创作小组应根据所选主题,深入实际,挖掘生活中生动鲜活的素材,将深奥抽象的理论知识以直观形象的形式呈现出来,创作出有内涵和丰富想象力的讲稿或剧情。

(三)制作阶段

创作小组要明确分工,各司其职,每个组员根据自己的兴趣和专长,自选任务分工。

(四)展演阶段

教师组织作品的展演观摩,创作小组汇报实践活动的收获和感悟,师生进行点评。

第四部分 课后练习

一、单项选择题

1.道德的产生、发展和变化,归根结底源于( )。

A.社会经济关系　　B.在法律上的反映

C.全体人民的意愿　D.统治阶级的意志

2.马克思主义道德观认为,道德起源的首要前提是( )。

A.实践　B.自我意识　C.社会关系　D.劳动

3.马克思主义道德观认为,( )是道德赖以产生的客观条件。

A.社会关系　B.自我意识　C.生产方式　D.生产力

4.马克思主义道德观认为,( )是道德产生的主观条件。

A.人的自我意识　B.人类语言　C.思维能力　D.判断能力

5.马克思主义道德观认为,道德在本质上是( )的特殊调节方式。

A.社会经济关系　　B.社会利益关系

C.社会政治形态　　D.社会意识形态

6.马克思主义道德观认为,道德是反映( )的特殊意识形态。

A.社会政治关系　　B.社会经济关系

C.社会文化关系　　D.社会舆论关系

7.道德是一种以指导人的行为为目的、以形成人的正确行为方式为内容的精神,在本质上是( )。

A.知行合一的　　　B.主客观一致的

C.实践认识和谐的　D.现实未来发展的

8.《诗经》提出"夙夜在公"的道德要求,《尚书》也有"以公灭私,民其允怀"的思想,两者都体现了中华传统美德中的( )的基本精神。

A.重视整体利益,强调责任奉献

B.推崇"仁爱"原则,注重以和为贵

C.提倡人伦价值,重视道德义务

D.追求精神境界,向往理想人格

9.社会主义道德区别和优越于其他社会形态道德的显著标志是( )。

A.集体主义原则　　B.正确的义利观

C.恪守诚信　　　　D.以为人民服务为核心

10.中国革命道德萌芽于( ),经过长期发展逐渐形成并不断发扬光大。

A.土地革命战争前后　B.中国共产党成立以后

C.五四运动前后　　　D.抗日战争后

11.为什么人服务是道德的核心问题,社会主义道德的核心是( )。

A.为政党服务　　B.为人民服务

C.为军队服务　　D.为群众服务

12.社会主义道德的基本原则是( )。

A.集体主义　B.个人主义　C.整体主义　D.国家主义

13.关于集体主义,下列说法正确的是( )。

A.集体主义强调国家利益、社会整体利益和个人利益的辩证统一

B.集体主义强调国家利益、社会整体利益与个人利益同等重要

C.集体主义重视和保障个人利益

D.集体主义就是团体主义或本位主义

14.集体主义道德要求是有层次的,其中对公民最基本的道德要求是( )。

A.无私奉献、一心为公

B.先公后私、先人后己

C.顾全大局、遵纪守法、热爱祖国、诚实劳动

D.助人为乐、文明礼貌、爱岗敬业、奉献社会

15.( )是指人们在社会交往和公共生活中应该遵守的行为准则。

A.职业道德　B.社会公德　C.家庭美德　D.个人品德

16."干一行爱一行,爱一行钻一行"体现了职业道德中( )的要求。

A.爱岗敬业　B.诚实守信　C.办事公道　D.奉献社会

17.家庭是社会的基本细胞,是人生的第一所学校,家庭教育涉及很多方面,其中最重要的是( )。

A.心理健康　B.品德教育　C.智力开发　D.情商培育

18.关于恋爱中的道德规范,下列说法不妥的是( )。

A.尊重人格平等　　B.自觉承担责任

C.财务点滴独立　　D.文明相亲相爱

19.个人品德是通过社会道德教育和个人自觉的道德修养所形成的(　　)心理状态和行为习惯。

A.一般的　　B.一定的　　C.特殊的　　D.稳定的

20.《礼记·中庸》中提到:"道也者,不可须臾离也,可离非道也。是故君子戒慎乎其所不睹,恐惧乎其所不闻。莫见乎隐,莫显乎微。"这里的核心思想指的是道德修养方法的(　　)。

A.慎独自律　　B.省察克治　　C.学思并重　　D.积善成德

二、多项选择题

1.在道德的功能系统中,主要的功能包括(　　)。

A.认识功能　　B.导向功能　　C.规范功能　　D.调节功能

2.以下体现注重整体利益,强调责任奉献的是(　　)。

A.夙夜在公　　　　B.见贤思齐焉,见不贤而内自省也

C.以公灭私,民其允怀　　D.苟利国家生死以

3.下列对待传统道德的问题上,属于错误思潮的是(　　)。

A.坚持文化复古主义,中国的落后就是因为儒家文化的失落

B.吸取借鉴优良的道德文明成果

C.实行历史虚无主义,中国要全盘西化

D.古为今用、推陈出新

4.中国革命道德的主要内容是(　　)。

A.全心全意为人民服务

B.始终把革命利益放在首位

C.为实现社会主义和共产主义理想而奋斗

D.修身自律,保持节操

5.集体主义的道德要求是(　　)。

A.无私奉献、一心为公

B.先公后私、先人后己

C.顾全大局、遵纪守法、热爱祖国、诚实劳动

D.追求自我价值,实现自身发展

6.道德发挥其功能的方式主要有( )。

A.内心信念　　B.社会舆论　　C.国家强制力　　D.传统习俗

7."只有在集体中,个人才能获得全面发展其才能的手段,也就是说,只有在集体中才可能有个人利益。"这说明( )。

A.没有集体利益,就不可能有个人利益

B.集体主义坚决排斥个人利益和个性自由

C.广大人民只有靠集体奋斗才能实现自身的正当利益

D.只有集体的事业兴旺发达,才能保障个人的正当利益充分实现

8.以下关于中国革命道德当代价值的表述,正确的有( )。

A.有利于培养良好的社会道德风尚

B.有利于引导人们树立正确的道德观

C.有利于培育和践行社会主义核心价值观

D.有利于加强和巩固社会主义和共产主义的理想信念

9.男女双方培养爱情的过程或在爱情基础上进行的相互交往活动,就是人们日常所说的恋爱。恋爱是( )。

A.爱情至上原则　　　　B.尊重人格平等

C.自觉承担责任　　　　D.文明相亲相爱

10.大学生在网络生活中加强社会公德自律的基本要求是( )。

A.健康进行网络交往　　B.正确使用网络工具

C.养成网络自律精神　　D.自觉避免沉迷网络

三、辨析题

1."思想"一旦离开"利益",就一定会使自己出丑。

2.作为社会主义道德核心的为人民服务,是伟大高尚的,对普通人而言,是高不可攀、遥不可及的,因此,只适于党员干部而不能推广到全体人民。

3."道德万能论"和"道德无用论"都是错误的。

四、论述题

1.道德的力量是无穷的,国无德不兴,人无德不立。请结合实际,谈谈道德

的作用。

2.中华传统美德是社会主义道德建设的源头活水,中国革命道德是社会主义道德的红色基因。请结合实际,谈谈新时代大学生应如何传承中华传统美德和弘扬中国革命道德。

五、材料分析题

材料分析题一:

中国革命道德是中华传统美德的延续和发展,是中国革命克敌制胜的重要法宝,是加强社会主义道德建设的客观需要,也是未来激励一代又一代中国人民攻坚克难、矢志不渝的不竭源泉。习近平总书记在党史学习教育动员大会上指出:"在一百年的非凡奋斗历程中,一代又一代中国共产党人顽强拼搏、不懈奋斗,涌现了一大批视死如归的革命烈士、一大批顽强奋斗的英雄人物、一大批忘我奉献的先进模范,形成了一系列伟大精神,构筑起了中国共产党人的精神谱系,为我们立党兴党强党提供了丰厚滋养。"

(人民政协网,2021-05-26)

请结合上述材料,运用所学理论联系实际分析中国革命道德的主要内容及当代价值。

材料分析题二:

"德者,本也。"道德之于个人、之于社会,都具有基础性意义,做人做事第一位的是崇德修身。

"青年是引风气之先的社会力量。一个民族的文明素养很大程度上体现在青年一代的道德水准和精神风貌上。"习近平总书记指出。

2013年5月4日,习近平总书记在同各界优秀青年代表座谈时强调:"广大青年要把正确的道德认知、自觉的道德养成、积极的道德实践紧密结合起来,自觉树立和践行社会主义核心价值观,带头倡导良好社会风气。""广大青年要牢记'空谈误国、实干兴邦',立足本职、埋头苦干,从自身做起,从点滴做起,用勤劳的双手、一流的业绩成就属于自己的人生精彩。"

2021年4月19日,习近平总书记在清华大学考察时强调:"广大青年要肩负历史使命,坚定前进信心,立大志、明大德、成大才、担大任,努力成为堪当民族复兴重任的时代新人,让青春在为祖国、为民族、为人民、为人类的不懈奋斗中绽放绚丽之花。"

青年是整个社会力量中最积极、最有生气的力量,国家的希望在青年,民族的未来在青年,青年兴则国家兴,青年强则国家强。大学生是道德观形成和发展的重要阶段,在这个时期形成的道德观念对大学生的成长至关重要。

(《人民日报》,2021-05-04)

请根据习近平总书记的重要讲话精神,结合实际,谈谈新时代大学生如何在崇德向善的实践中不断锤炼道德品格、提升道德境界,在实现中华民族伟大复兴的征程中书写无愧于时代的壮丽篇章。

材料分析题三:

人类是劳动创造的,社会是劳动创造的。劳动没有高低贵贱之分,任何一份职业都很光荣。正确的劳动观念是维系人们职业活动和职业生活的思想观念保障。在职业生活中,必须牢固树立"劳动最光荣、劳动最崇高、劳动最伟大、劳动最美丽"的观念,通过劳动创造更加美好的生活。无论从事什么劳动,都要干一行、爱一行、钻一行。只要踏实劳动、勤勉工作,在平凡岗位上也能干出不平凡的业绩。幸福源自奋斗,成功在于奉献,平凡孕育伟大。

习近平总书记指出:"幸福生活是靠劳动创造的,大家要保持平实之心,客观看待个人条件和社会需求,从实际出发选择职业和工作岗位,热爱劳动,脚踏实地,在实践中一步步成长起来。"他勉励同学们自觉践行社会主义核心价值观,努力做到德智体美劳全面发展。

(2022年6月8日,习近平在四川考察时的讲话)

请根据以上材料,结合实际,谈谈你对"职业生活与劳动观念"的理解。

参考答案

一、单项选择题

1.A 2.D 3.A 4.A 5.B 6.B 7.A 8.A 9.D 10.C
11.B 12.A 13.A 14.C 15.B 16.A 17.B 18.C 19.D 20.A

二、多项选择题

1.ACD 2.ACD 3.AC 4.ABCD 5.ABC
6.ABD 7.ACD 8.ABCD 9.BCD 10.ABCD

三、辨析题

1.正确。马克思的这句名言体现了唯物主义的根本观点,物质决定意识,意识是物质的反映。正是由于现实生活中的利益(物质)所趋,人们才去思考如何达到自己的目的。离开现实去谈"理想"和"信念"只是空想,只会暴露出自身的弱点,只能引起别人的反感。这体现了马克思主义的客观现实性,否定了空想性。

2.错误。为人民服务,既伟大又平凡,既高尚又普通,它并非高不可攀、遥不可及,而是可以通过不同层次、不同形式表现出来。事实上,一个人只要时时处处想到他人、想到社会、想到国家,能够推己及人、与人为善,服务他人、奉献社会,使他人能够因自己的所作所为而得到益处,使社会可以因自己的努力而发生积极改变,这就是在践行为人民服务。

3.正确。"道德万能论"与"道德无用论"两种观点的看法都是错误的。"道德万能论"观点的错误在于,颠倒了社会存在和社会意识、经济基础和上层建筑之间的决定与被决定的关系,否定了物质资料的生产方式在社会发展中的决定作用。"道德无用论"的错误在于,忽视了道德作为上层建筑的重要组成部分对经济基础和生产力发展有一定的反作用。

四、论述题

1.(1)道德的作用是指道德的认识、规范、调节、激励、导向、教育等功能的发挥和实现所产生的社会影响及实际效果。

(2)"国无德不兴,人无德不立"生动表达了道德的作用。道德作为维系社会稳定、促进国家发展的重要因素,对巩固特定社会的经济基础和上层建筑具有不可替代的重要作用。同时,道德作为激励人们改造客观世界和主观世界的一种精神力量,也是提高人的精神境界、促进人的自我完善、推动人的全面发展的内在动力。

2.(1)中华传统美德是中华文化的精髓,蕴含着丰富的思想道德资源;中国革命道德是对中华传统美德的继承和发展,是社会主义道德的红色基因。

(2)传承中华传统美德。我们要坚定历史自信、文化自信,不忘本来、辩证取舍,古为今用、推陈出新,传承和弘扬中华传统美德。要加强对中华传统美德的挖掘和阐发。要用中华传统美德滋养社会主义道德建设。既要反对"复古论",也要反对"虚无论",它们都割断了道德的历史与发展的关系,都不利于社会的发展和道德的进步。要树立高度的文化自觉和文化自信,深入挖掘中华优秀传统文化蕴含的思想观念、人文精神、道德规范,结合时代要求继承创新,让中华文化展现出永久魅力和时代风采。

(3)同弘扬中华传统美德相结合,发扬中国革命道德。大学生发扬革命道德、传承红色基因,就要深入了解中国社会和中国革命的历史,了解中国共产党人带领广大人民群众进行革命斗争的艰苦实践,真正体会中国革命道德的本质内涵、历史意义和当代价值,自觉同各种歪曲历史、诋毁英雄的历史虚无主义思潮作斗争,努力在坚持和发展中国特色社会主义伟大进程中创造无愧于时代、无愧于人民、无愧于先辈的业绩。

五、材料分析题

材料分析题一:

(1)中国革命道德的丰富内容。第一,为实现社会主义和共产主义理想而奋斗。坚持社会主义、共产主义理想和信念的不屈不挠的精神,是革命道德的灵魂。在一百年的非凡奋斗历程中,一代又一代中国共产党人顽强拼搏、不懈奋斗,涌现了一大批视死如归的革命烈士、一大批顽强奋斗的英雄人物、一大批忘我奉献的先进模范,形成了一系列伟大精神,构筑起了中国共产党人的精神谱系,为我们立党兴党强党提供了丰厚滋养。第二,全心全意为人民服务(贯穿中国革命道德始终的一根红线)。第三,始终把革命利益放在首位。第四,树立社会新风,建立新型人际关系。这体现了中国革命道德在社会生活层面上的重要意义。第五,修身自律,保持节操。

(2)中国革命道德的当代价值。中国革命道德是中华传统美德的延续和发展,是中国革命克敌制胜的重要法宝,是加强社会主义道德建设的客观需要,也是未来激励一代又一代中国人民攻坚克难、矢志不渝的不竭源泉。第一,有利于加强和巩固社会主义和共产主义的理想信念。第二,有利于培育和践行社会主义核心价值观。第三,有利于引导人们树立正确的道德观。第四,有利于培育良好的社会道德风尚。

材料分析题二:

(1)习近平总书记指出:"道德之于个人、之于社会,都具有基础性意义,做人做事第一位的是崇德修身。"大学生要形成正确的道德认知和道德判断,激发正向的道德认同和道德情感、强化坚定的道德意志和道德信念,提高道德实践能力尤其是自觉实践能力,向往和追求自觉讲道德、尊道德、守道德的生活。

(2)大学生要掌握学思并重、省察克治、慎独自律、知行合一、积善成德等道德修养的正确方法,学习道德模范助人为乐、关爱他人的高尚情怀,见义勇为、勇于担当的无畏精神,以诚待人、守信践诺的崇高品格,敬业奉献、勤勉做事的职业操守,等等。

(3)参与志愿服务活动。大学生应结合自身的能力、专业、特长,在最需要的地方提供优质高效的服务,为最需要关爱的群体送温暖、献爱心,并在志愿服务中长知识、强本领、增才干。

（4）"青年是引风气之先的社会力量。一个民族的文明素养很大程度上体现在青年一代的道德水准和精神风貌上。"大学生要积极投身崇德向善的道德实践，弘扬真善美、贬斥假恶丑，做社会主义道德的示范者和引领者，促成知荣辱、讲正气、作奉献、促和谐的社会风尚。

材料分析题三：

（1）人类是劳动创造的，社会是劳动创造的。劳动没有高低贵贱之分，任何一份职业都很光荣。正确的劳动观念是维系人们职业活动和职业生活的思想观念保障。在职业生活中，作为新时代大学生必须牢固树立"劳动最光荣、劳动最崇高、劳动最伟大、劳动最美丽"的观念，通过劳动创造更加美好的生活。

（2）习近平总书记指出："幸福生活是靠劳动创造的，大家要保持平实之心，客观看待个人条件和社会需求，从实际出发选择职业和工作岗位，热爱劳动，脚踏实地，在实践中一步步成长起来。"只要踏实劳动、勤勉工作，在平凡岗位上也能干出不平凡的业绩。

（3）幸福源自奋斗，成功在于奉献，平凡孕育伟大。"蓝领专家"孔祥瑞、"金牌工人"窦铁成、"新时代雷锋"徐虎、"中国航空发动机之父"吴大观等一大批劳动模范和先进工作者，带动人们锐意进取、积极投身改革开放和社会主义现代化建设，为国家和人民作出了自己的贡献，充分地说明了这一点。

（4）作为新时代大学生，应积极向劳动模范和先进工作者学习，见贤思齐、崇尚英雄、崇德向善，争做崇高道德的践行者、文明风尚的维护者、美好生活的创造者，在实现中华民族伟大复兴的征程中书写无愧于时代的壮丽篇章。

第六章

学习法治思想
提升法治素养

第一部分 教案设计

教学目标

掌握法律的概念及其历史发展,社会主义法律的本质特征,分析社会主义法律是如何运行的,不断增强建设社会主义法治国家的责任感和使命感。培养学生社会主义法治思维方式,自觉维护社会主义法律权威;使学生养成心中有法、自觉守法、遇事找法、解决问题用法、化解矛盾靠法的良好习惯,使学生成为具有较高法治素养的社会主义事业建设者和接班人。

教学重点

1. 法律的本质特征。
2. 我国社会主义法律的本质特征和运行机制。
3. 坚持全面依法治国。
4. 宪法的基本原则和地位。
5. 法治思维的基本内容以及尊重和维护法律权威的基本要求。

教学难点

1. 法律的本质特征。
2. 全面依法治国。
3. 法治思维的基本内容。
4. 培养法治思维。

教学准备

教案、课件、视频资料、多媒体教室、网络学习平台、实践基地等。
网络学习平台上发布课前任务:
1. 网上查找春秋战国时期法家主张"以法而治",秦国商鞅"立木建信",汉高祖刘邦同关中百姓"约法三章"的相关资料。

2.提前布置学生观看电影《第二十条》,并思考学到了哪些法律知识。

3.学生自主查阅《中华人民共和国民法典》法条并进行学习。

教学方法

讲授法、讨论法、案例法等。

教学课时

第一节2学时,第二节2学时,第三节2学时,第四节2学时,共8学时。

教学过程

第一节 社会主义法律的特征和运行

◎ 课程导入:

罗翔老师曾说,这个世界并不美好,所以美好是值得我们追求的。

提问:观看了电影《第二十条》,你学到了哪些法律知识?

案例点评:电影《第二十条》是聚焦"正当防卫"议题的法治题材影片,影片在"情与理""公序良俗与法律法规的平衡"中,探求民众心中关于公平公正的解答。

影片的片名《第二十条》取自《中华人民共和国刑法》第二十条的规定,即刑法有关"正当防卫"的内容。

《中华人民共和国刑法》第二十条:

为了使国家、公共利益、本人或者他人的人身、财产和其他权利免受正在进行的不法侵害,而采取的制止不法侵害的行为,对不法侵害人造成损害的,属于正当防卫,不负刑事责任。

正当防卫明显超过必要限度造成重大损害的,应当负刑事责任,但是应当减轻或者免除处罚。

对正在进行行凶、杀人、抢劫、强奸、绑架以及其他严重危及人身安全的暴力犯罪,采取防卫行为,造成不法侵害人伤亡的,不属于防卫过当,不负刑事责任。

影片《第二十条》的故事情节主要在讨论"正当防卫"和"故意伤害"的界限在哪里。

"第二十条"从"沉睡"到"激活"的过程,背后体现了检察机关办案理念的哪些变化?办案人员该如何避免让见义勇为的人流血又流泪?

近年来,昆山反杀案、福建赵宇案、杭州盛春平案这些社会影响较大的正当防卫案件的处理,不断激活刑法关于正当防卫条款(第二十条)的适用。

法,不能向不法让步。

影片中,检察官韩明在处理张贵生"见义勇为"案件时注重对法条的套用,以及对既往判例的参考,追求的是自己不出错、随大流。然而,随着对王永强案件的办理,又遭遇了张贵生意外身亡、王永强妻子郝秀萍绝望跳楼、自己儿子制止校园霸凌却成为违法者,这一系列事情,让韩明这样一位自诩经验丰富、"什么案件没见过"的检察官开始对"立法本意"进行思索。韩明转变的背后,尤其是最后在公开审理时他的大段独白,在一定程度上反映出了司法实践中司法机关适用正当防卫条款所面临的种种困难,以及办案人员排除万难查明前因后果,分清是非曲直,确保案件处理于法有据、于理应当、于情相容的过程。《第二十条》在提醒司法人员,不要忘了自己也是公民的一员,要保持同理心,要感同身受,让司法结论与公民内心铭刻的法律同频共振,从而指引社会的价值取向。

◎课程内容:

一、法律的含义及其历史发展

(一)法律的含义

提问:"法"字的古写体有什么内涵意义?法律是什么?

讲解:法律是什么?最形象的说法就是准绳。用法律的准绳去衡量、规范、引导社会生活,这就是法治。让我们一起来了解法律的含义。古体"灋"字,由"氵""廌""去"三部分组成。"氵"的意思是说执法要平之如水;"廌"是中国古代传说中的神兽,据说它能辨别曲直,在审理案件时,它会用角去触理曲的人;"去"是中国古代的一种刑罚,驱赶。为了能更大可能地生存下来,人类最开始是群居生活。但是如果有人违反部落的规定就会被驱赶出去,独自面对饥饿,面对洪水猛兽,这样活着的可能性非常小。后面就演变成一种封建社会常见的刑罚——"流放",即把犯人流放到戈壁或是沙漠这些不适合人类生存的地方。犯人往往在流放的途中就死去了。所以法字赋予的意义有:公平、审判和惩罚。

皋陶是一位贤臣,传说他出生于尧帝统治的时候,曾经被舜任命为掌管刑罚的理官,并且以正直闻名天下。皋陶的主要成就在制定刑法和教育方面,并帮助尧、舜、禹推行"五刑""五教"。獬豸是中国古代神话传说中的神兽,额上通常长一角。传说獬豸拥有很高的智慧,懂人言知人性,怒目圆睁,能辨是非曲直,能识善恶忠奸,发现奸邪的官员,就用角把他触倒,然后吃下肚子,是司法"正大光明""清平公正""光明天下"的象征。皋陶利用獬豸的这个特点,在法庭上分辨真伪,成为中国神话中第一个公正的法官。至清代,御史和按察使等监察司法官员都一律戴獬豸冠,穿绣有"獬豸"图案的补服。

以宪法为核心的中国特色社会主义法律体系赋予了法字新的内涵。从历史的天空俯瞰中国,依法而治,循法而行,我们正在开启全面依法治国的新时代。

提问:西方对于法律是如何理解的?

讲解:在古代神话中,泰美斯(Themis)是希腊代表正义的女神,以头脑清晰见称。正义女神泰美斯双眼蒙住,表示公正无私,不徇私情,不管面前是什么人,她都会一视同仁。她左手高举天平,象征着绝对的公平与正义,用来度量世间一切不公之事。右手持诛邪剑,置于身后,象征诛杀世间一切邪恶之人、惩恶扬善。脚踩毒蛇,表示在她面前一切罪恶都永无出头之日。

所以无论是在东方还是在西方,法都包含着公平、审判、惩罚之意。

法律的定义:法律是由国家制定或认可并以国家强制力保证实施的,反映由特定社会物质生活条件所决定的统治阶级意志的规范体系。

1.法律是由国家创制并保证实施的行为规范。

国家创制法律规范的方式主要有两种。一是制定,即国家机关在法定的职权范围内依照法定程序,制定、修改、废止规范性文件的活动。通过立法活动产生的法被称为"制定法",也叫"成文法",法国的《拿破仑法典》、德国的《民商法典》等都属于制定法。二是认可,即国家机关赋予某些既存社会规范以法律效力,或者赋予先前的判例以法律效力的活动。一方面,国家赋予社会上早已存在的某些一般社会规范,如习惯、经验、道德、宗教、习俗、礼仪等以法律效力;另一方面,在英美法系国家,司法机关在审理案件时要遵循本司法机关或上级司法机关先前的判决所确认的规范,也就是说,认可先前的判决所确认的规范为法。这种不经过立法活动产生而以法庭判例为基础的法被称为"不成文法",也叫"判例法"。

2.法律由一定的社会物质生活条件所决定。

法律不是凭空出现的,而是产生于特定物质生活条件基础之上。社会物质生活条件是指与人类生存相关的物质资料的生产方式、地理环境和人口等。

提问:奴隶社会能考虑到《知识产权法》的问题吗?《知识产权法》是什么时候才产生的?

3.法律是统治阶级意志的体现。

法律所体现的统治阶级意志具有整体性,不是统治阶级内部个别人的意志,也不是统治者个人意志的简单相加。统治阶级不仅迫使被统治阶级服从和遵守法律,而且要求统治阶级的成员也遵守法律。

(二)法律的历史发展

法在发展过程中,呈现出一种历史阶段性,表现为不同历史类型。人类历史上出现过四种不同类型的法:奴隶制法律、封建制法律、资本主义法律、社会主义法律。

1.奴隶制法律。

在奴隶社会的经济结构中,奴隶主阶级占有生产资料和作为生产劳动者的奴隶。因此奴隶制法律是奴隶主阶级专政的国家意志的表现,是奴隶主阶级对广大奴隶实行统治的工具。

特征:一是有明显的原始习惯残留痕迹,二是否认奴隶的法律人格,三是存在严格的等级划分,四是刑罚方式极其残酷。

2.封建制法律。

在封建社会的经济结构中,封建地主阶级占有生产资料,同时不完全占有作为生产劳动者的农奴或农民。因此封建制法律是封建地主阶级意志的体现,是封建地主阶级统治农民阶级的工具。

特征:一是确立农民对封建地主的人身依附关系,二是实行封建等级制度,三是维护专制皇权,四是刑罚严酷。

3.资本主义法律。

资本主义法律是资产阶级共同意志的体现,是资产阶级统治工人阶级和其他劳动人民的工具,其根本任务是维护资产阶级的政治、经济和社会秩序。

特征:一是与资本主义私有制相适应的私有财产神圣不可侵犯原则,二是与资本主义市场经济相适应的契约自由原则,三是与资本主义民主政治相适应的法律面前人人平等原则,四是与资产阶级人道主义相适应的人权保障原则。

4.社会主义法律。

社会主义法律是新型的法律制度,是建立在以生产资料公有制为基础,以按劳分配为原则,以劳动者共同占有生产资料为特征,以共同富裕为目标的生产关系基础上的,是最广大人民群众意志的集中体现。

特征:一是以公有制为基础,二是以消灭剥削、消除两极分化、实现共同富裕为历史使命,三是法律面前人人平等。

二、我国社会主义法律的本质特征

我国社会主义法律,是在中国共产党领导新民主主义革命时期孕育、在中华人民共和国成立后不断形成和发展起来的。党的十一届三中全会以后,党和国家把社会主义法治建设摆在极其重要的位置,我国社会主义法治建设进入了前所未有的快速发展时期。

我国社会主义法律的本质主要表现在以下几个方面。第一,我国社会主义法律体现了党的主张和人民意志的统一。我国社会主义法律是工人阶级领导下的广大人民意志的体现,具有阶级性和人民性。人民民主专政的国家性质决定了社会主义的法应当体现工人阶级领导的全国人民的共同意志和根本利益,这种共同意志不是自发形成的,而是在我国工人阶级先锋队,中国共产党领导下形成的。第二,我国社会主义法律具有科学性和先进性。尽管我国社会主义法律体系的建设起步较晚,但是我国法治建设坚持了辩证唯物主义和历史唯物主义的世界观和方法论,善于吸收和借鉴我国传统法和外国法的成功经验,并且在立法体制、立法程序和立法技术等方面不断改革创新,立法质量和水平不断提高。第三,我国社会主义法律是中国特色社会主义建设的重要保障。我国法律的社会作用体现了社会主义的本质要求,经济发展、政治清明、文化昌盛、社会公正、生态良好,都离不开社会主义法律的引领、规范和保障。

提问:大家知道新中国成立以来我们修改过几次宪法吗?

讲解:我国现行宪法在1982年宪法的基础上经过四次修改不断完善,采用宪法修正案的方式对宪法进行修改,保证了宪法的稳定性,也体现出我国立法工作的科学性。

三、我国社会主义法律的运行

法律的运行是一个从创制、实施到实现的过程,它包括法律制定、法律执行、法律适用、法律遵守等环节。

第一,法律制定。

提问:同学们知道我国法律是由谁制定的吗?又是如何制定的?

讲解:法律制定,又称"立法"。法律制定是指有立法权的国家机关,依照法定职权和程序制定规范性法律文件的活动,是法律运行的起始性和关键性环节。根据宪法规定,全国人大及其常委会行使国家立法权,有权制定法律;国务院享有行政法规的制定权;省、直辖市人民代表大会及其常委会可以制定地方性法规;自治区、自治州、自治县的人民代表大会有权制定自治条例和单行条例;特别行政区立法机关有权依据基本法规定并依照法定程序制定法律。

第二,法律执行。

提问:你知道什么是"老赖"吗?针对"老赖"有办法解决吗?

讲解:法的执行,又称"执法"。从狭义上讲,法律执行是指行政执法,是国家行政机关及其公职人员执行法律的活动。在我国,行政执法的主体分为两类。一类是中央和地方各级政府,包括国务院和地方各级人民政府;另一类是各级政府中享有执法权的下属行政机构。广义上,法律执行是指国家机关及其公职人员,在国家和公共事务管理中依照法定职权和程序,贯彻和实施法律的活动。

举例:2022年6月21日,十三届全国人大常委会第三十五次会议对《中华人民共和国民事强制执行法(草案)》进行了审议,并将该草案向社会予以公布,征求意见。"老赖"一词,已经人人皆知,准确来讲,"老赖"的学名是"失信被执行人",是指未履行生效法律文书确定的义务并具有"有履行能力而不履行""抗拒执行"等法定情形,从而被人民法院依法纳入失信被执行人名单的人。从名称也能知道老赖与"执行"有关系。实际上,"老赖"之所以为"老赖",不单单是因为其欠债多,长时间不还钱,他们通常还会在债务危机没有爆发时,提前采取一些规避措施,对不动产、动产、储蓄、基金、股票、证券等进行或多或少的转移、隐匿,或者通过无偿赠予子女、假离婚等方式,让法院无法执行,使得胜诉人的法律判决,变成一纸空文。

第三,法律适用。

法的适用,又称"司法"。法律适用是指国家司法机关及其公职人员依照法定职权和程序适用法律处理案件的专门活动。在我国,人民法院和人民检察院是代表国家行使司法权的专门机关,任何其他国家机关、社会团体和个人都不得从事该项工作。我国法律适用遵循以事实为根据、以法律为准绳的原则,公民在法律面前一律平等的原则和司法机关依法独立公正地行使司法权的原则,对违法犯罪行为依法追究法律责任。

第四,法律遵守。

法的遵守,又称"守法"。法律遵守是指国家机关、社会组织和公民个人依照法律规定行使权力或权利以及履行职责或义务的活动。也就是说,要做法所要求或允许做的事,不做法所禁止的事。这里的法既包括由特定国家机关所制定和颁布的、具有普遍法律效力的规范性文件,如宪法、法律、行政法规、地方性法规、民族自治法规、特别行政区的法、国家承认的国际条约、惯例等,也包括由执法机关制作的具有特定法律效力的文件(非规范性文件),如人民法院的调解协议书、判决书、公民之间依法签订的协议文书(合同等)。

◎课程小结:

本节从法律的词源词义入手,讲述了法律的含义。介绍了法律的四个历史发展进程,进一步让学生了解法律演变的过程。科学认识我国社会主义法律的本质特征和运行过程,为学生形成科学的法治观念奠定基础。阐述了我国社会主义法律的运行,用案例进行讲解,增强学生建设社会主义法治国家的责任感和使命感。

第二节　坚持全面依法治国

◎课程导入：

提问：请同学们分享你们查阅到的春秋战国时期法家主张"以法而治"、秦国商鞅"立木建信"、汉高祖刘邦同关中百姓"约法三章"的相关内容。

讲解：《荀子·君道篇第十二》中载："法者，治之端也；君子者，法之原也。故，有君子，则法虽省，足以遍矣；无君子，则法虽具，失先后之施，不能应事之变，足以乱矣。""法者，治之端也"，意思是法治是政治（治理国家）的开头；"君子者，法之原也"，意思是君子是法治的本原；"故，有君子，则法虽省，足以遍矣"，意思是所以有了君子，法律即使简略，也足够用在一切方面了；"无君子，则法虽具，失先后之施，不能应事之变，足以乱矣"，意思是如果没有君子，法律即使完备，也会失去先后的实施次序，不能应付事情的各种变化，足够形成混乱了。法治兴则国兴，法治强则国强。春秋战国时期，法家主张"以法而治"。秦国商鞅"立木建信"，强调"法必明、令必行"，使秦国迅速跻身强国之列。汉高祖刘邦同关中百姓"约法三章"，为其一统天下发挥了重要作用。汉武帝时形成的汉律60篇，两汉沿用近400年。

◎课程内容：

一、全面依法治国的根本遵循

（一）习近平法治思想的形成和意义

2020年11月，中央全面依法治国工作会议在北京召开。会议正式提出习近平法治思想，并将其确立为全面依法治国的指导思想和根本遵循。20世纪以来，中国共产党人把马克思主义的普遍原理与中国实际相结合，产生了毛泽东思想、邓小平理论、"三个代表"重要思想、科学发展观、习近平新时代中国特色社会主义思想，其中都蕴含着丰富而深刻的法治理论。

党的十八大以来，习近平高度重视全面依法治国，创造性提出了一系列全面依法治国新理念新思想新战略，形成习近平法治思想。

习近平法治思想是经过长期发展而形成的内涵丰富、论述深刻、逻辑严密、系统完备的法治理论体系，为建设法治中国指明了前进方向，在中国特色社会主义法治建设进程中具有重大政治意义、理论意义、实践意义。

(二)习近平法治思想的主要内容

"十一个坚持"涉及的都是全面依法治国方向性、根本性、全局性的重大问题,从全面依法治国的政治方向、战略地位、工作布局、主要任务、重大关系、重要保障等方面提出了一系列新理念新观点新论断,构成了习近平法治思想的主要内容。

二、坚持走中国特色社会主义法治道路

(一)为什么要走中国特色社会主义法治道路

1.是历史的必然结论。

鸦片战争后,许多仁人志士也曾想变法图强,但都以失败告终,法治只是镜花水月。

案例:"马锡五审判方式"。

在马锡五到华池县检查工作的时候,突然遇见一个女青年拦路告状。马锡五受理此案后,首先在区乡干部和群众中进行细致的调查,并且听取了各方面的意见和要求。

原来,这个女青年叫封芝琴(小名胖儿)。自幼由父母包办与张金才之子张柏订婚,到1942年胖儿长大成人,经人介绍曾与张柏见过面,双方都愿意结为姻缘。但她的父亲封彦贵为了从女儿身上多捞"彩礼"便与张家退了亲,准备将胖儿卖给庆阳的财主朱寿昌。

张家知道后,纠集了亲友20多人,深夜从封家将胖儿抢回与张柏成婚。封彦贵告到司法处,司法人员未经周密调查,以"抢亲罪"判处张柏与胖儿婚姻无效,张金才被判刑6个月,草草结了案。张家不服,胖儿也不服,便拦路告了状。马锡五掌握了基本案情后,又了解了胖儿的态度,胖儿表示"死也要与张柏结婚"。

马锡五广泛听取了群众意见后,召开群众性公开审判大会,作出如下判决:一、张柏与胖儿的婚姻,根据婚姻自主的原则,准予有效。二、张金才深夜聚众抢亲有碍社会治安,判处短期徒刑;对其他附和者给予严厉批评。三、封彦贵以女儿为财物,反复出售,违犯婚姻法令,判处劳役,以示警诫。

这样的判决，合情合理，非常恰当，群众听后十分称赞，热烈拥护，胜诉者胖儿和张柏更是皆大欢喜。双方当事人也无不表示服判，后来边区文艺工作者以此事为素材，编写了鼓词《刘巧儿团圆》和剧本《刘巧儿告状》，以后又改编成评剧《刘巧儿》。

点评："马锡五审判方式"是由陕甘宁边区陇东分区专员兼边区高等法院分庭庭长马锡五首创，抗日战争时期在陕甘宁边区实行的一套便利人民群众的审判制度。

主要有以下几个特点：一是深入群众，调查研究，实事求是。二是手续简单，不拘形式，方便人民群众。三是审判与调解相结合。四是采用座谈式而非坐堂式审判。这种审判方式，既坚持原则，又方便人民群众，维护了人民群众的根本利益，在人民司法审判史上产生了重要的影响。

党中央把全面依法治国作为新时代坚持和发展中国特色社会主义"四个全面"战略布局的重要组成部分，在新时代不断坚持和拓展了中国特色社会主义法治道路。

2.是由我国社会主义国家性质决定的。

社会主义制度保证了人民当家作主的主体地位，保证了人民在全面依法治国中的中心地位，这是我们的最大制度优势。

3.是立足我国基本国情的必然选择。

从国情出发，不等于关起门来搞法治，要坚持以我为主、为我所用，认真辨别、合理吸收世界上优秀的法治文明成果。对我们这个14亿多人口的社会主义大国而言，要在较短时间内建成法治国家，必须走中国特色社会主义法治道路。

(二)坚持中国特色社会主义法治道路必须遵循的原则

走中国特色社会主义法治道路，必须坚持中国共产党的领导，坚持人民主体地位，坚持法律面前人人平等，坚持依法治国和以德治国相结合，坚持从中国实际出发。

案例：《中华人民共和国英雄烈士保护法》。

第一条 为了加强对英雄烈士的保护，维护社会公共利益，传承和弘扬英雄烈士精神、爱国主义精神，培育和践行社会主义核心价值观，激发实现中华民族伟大复兴中国梦的强大精神力量,根据宪法,制定本法。

第二十二条 禁止歪曲、丑化、亵渎、否定英雄烈士事迹和精神。

英雄烈士的姓名、肖像、名誉、荣誉受法律保护。任何组织和个人不得在公共场所、互联网或者利用广播电视、电影、出版物等,以侮辱、诽谤或者其他方式侵害英雄烈士的姓名、肖像、名誉、荣誉。任何组织和个人不得将英雄烈士的姓名、肖像用于或者变相用于商标、商业广告,损害英雄烈士的名誉、荣誉。

公安、文化、新闻出版、广播电视、电影、网信、市场监督管理、负责英雄烈士保护工作的部门发现前款规定行为的,应当依法及时处理。

讨论:为什么说"党大还是法大"是个伪命题?

讲解:"党大还是法大"是一个政治陷阱,是一个伪命题。党的领导和依法治国不是对立的,而是统一的。我国法律充分体现了党和人民意志,我们党依法办事,这个关系是相互统一的关系。如果说"党大还是法大"是一个伪命题,那么对各级党政组织、各级领导干部来说,"权大还是法大"则是一个真命题。在现实生活中,一讲到党和法治的关系,经常有人会说,到底是党大还是法大?要把握好、回答好这个问题,需要从多个角度作分析。

在社会生活中,一些党员干部特别是领导干部法治观念不强,决策不讲程序,办事不依法依规,甚至以言代法、以权压法、逐利违法、徇私枉法。这些现象的存在,严重影响了群众对法治的信心,使人产生"权比法大""党比法大"的感受。但如果往深里看,"党大还是法大"其实是一个伪命题。因为从逻辑上讲,党的本质是政治组织,而法的本质是行为规则,两者不存在谁比谁大的问题,否则就会落入话语陷阱。如果说党比法大,那就是承认法治、依法治国都是虚假的,法就不存在了;如果说法比党大,那党的领导就难以实施了。因此在党和法之间不能搞简单的比较。

那么,现实中为什么有人老拿党和法说事,死磕"党大还是法大"这个问题呢?究其本质,这是一些别有用心者所为,他们纠缠这个问题不放,并不真的是为了推进中国的法治建设,而是故意把党和法治对立起来,宣扬"党、法不能两立",其目的是企图从"法治"问题上打开缺口,达到搞乱人心、否定党的领导和社会主义制度的目的。对此,我们必须保持清醒的头脑。

事实上,在当今中国,社会主义法治必须坚持党的领导,党的领导必须依靠社会主义法治,两者之间是根本一致的。从性质上看,党领导人民干的事业就是建设社会主义,我们搞的法治也是社会主义性质的法治。从宗旨上看,始终坚持人民主体地位、保证人民当家作主、维护人民合法权益,既体现了我们党的根本宗旨,也是社会主义法治建设的根本目的。从任务上看,我们党带领人民实现现代化,包括实现国家治理体系和治理能力现代化,而法治建设也是实现国家治理体系和治理能力现代化的重要内容,所以说这两者是根本一致、内在统一的。

总之,党的领导与依法治国二者是并行不悖的,缺一不可。坚持在党的领导下依法治国、厉行法治,同时坚持党在宪法法律范围内活动,这样才能真正实现党的领导、人民当家作主和依法治国有机统一,国家和社会生活法治化才能有序推进。正如有的群众所说:"党的领导和社会主义法治本质上是一致的,这个木鱼需天天敲。"

三、建设法治中国

(一)建设中国特色社会主义法治体系

全面推进依法治国涉及很多方面,在实际工作中必须有一个总揽全局、牵引各方的总抓手,这个总抓手就是建设中国特色社会主义法治体系。依法治国各项工作都要围绕这个总抓手来谋划、来推进。建设中国特色社会主义法治体系,就是要形成完备的法律规范体系、高效的法治实施体系、严密的法治监督体系、有力的法治保障体系、完善的党内法规体系。

1.完备的法律规范体系。

完备的法律规范体系,是指以宪法为核心,由部门齐全、结构严谨、内部协调、体例科学、调整有效的法律及其配套法规所构成的法律规范系统。完备的法律规范体系,是中国特色社会主义法治体系的前提,是法治国家、法治政府、法治社会的制度基础。

完善法律规范体系的基本要求包括:坚持立法先行、科学立法、民主立法、依法立法。

2.高效的法治实施体系。

高效的法治实施体系,是指执法、司法、守法等各个环节有效衔接、协调高效运转、持续共同发力,织密法治之网,强化法治之力,实现效果最大化的法治实施系统。建设高效的法治实施体系,是建设中国特色社会主义法治体系的重点。

3.严密的法治监督体系。

严密的法治监督体系,是指以规范和约束公权力为重点建立的有效的法治化权力监督网络。

完善法治监督体系的重点内容包括:健全宪法实施和监督制度;强化对行政权力的制约和监督;加强对司法活动的监督;发挥多种监督的合力,深化国家监察体制改革;加强党对法治监督工作的集中统一领导。

4.有力的法治保障体系。

有力的法治保障体系是指在法律制定、实施和监督过程中形成的结构完整、机制健全、资源充分、富有成效的保障系统。

5.完善的党内法规体系。

完善的党内法规体系,是指内容科学、程序严密、配套完备、运行有效的党内制度及其运行、保障体系。建设完善的党内法规体系,是中国特色社会主义法治体系的本质要求和重要内容。

(二)坚持依法治国、依法执政、依法行政共同推进,坚持法治国家、法治政府、法治社会一体建设

播放视频:《坚持发展"枫桥经验"》。

点评:20世纪60年代初,浙江诸暨枫桥镇创造了"发动和依靠群众,就地化解矛盾,坚持矛盾不上交"的"枫桥经验"。1963年11月,毛泽东同志作出批示,要"各地仿效,经过试点,推广去做"。2003年11月,时任浙江省委书记习近平同志指出,要充分珍惜"枫桥经验",大力推广"枫桥经验",不断创新"枫桥经验"。"枫桥经验",从古越小镇走向祖国各地,成为全国的一面旗帜。

坚持和发展"枫桥经验",有利于提升社会治理能力,完善基层社会治理体系。作为基层治理的典范,"枫桥经验"通过社会协同和人民参与的方式实现矛盾纠纷就地解决,为矛盾纠纷的化解提供了解决方案。"枫桥经验"化解基层矛盾纠纷的方式不是"头痛医头,脚痛医脚",而是坚持强调源头治理、标本兼治。"枫桥经验"重视对社会不安定因素源头化解,坚持对社会风险"疏堵结合,以疏为主"的新社会安全观,在方法上强调矛盾纠纷的多元化解。"枫桥经验"促进社会治理能力不断提升,基层社会治理更加社会化、法治化、智能化、专业化,形成共建共享的社会治理新格局。推动更多法治力量向引导和疏导端用力,完善预防性法律制度,坚持和发展新时代"枫桥经验",促进社会和谐稳定。

(三)坚持全面推进科学立法、严格执法、公正司法、全民守法

科学立法是全面依法治国的前提,严格执法是全面依法治国的关键,公正司法是全面依法治国的重点,全民守法是全面依法治国的基础。全面依法治国,必须从立法、执法、司法、守法四个方面统筹推进。

◎ **课程小结:**

讲解习近平法治思想的科学内涵和重大意义,深刻理解全面依法治国的目标与原则,把握全面依法治国的基本要求,增强中国特色社会主义法治道路自信,逐步养成自觉守法、遇事找法、解决问题靠法的习惯。

第三节　维护宪法权威

◎ **课程导入:**

《中华人民共和国未成年人保护法》第一条:为了保护未成年人身心健康,保障未成年人合法权益,促进未成年人德智体美劳全面发展,培养有理想、有道德、有文化、有纪律的社会主义建设者和接班人,培养担当民族复兴大任的时代新人,根据宪法,制定本法。

《中华人民共和国义务教育法》第一条:为了保障适龄儿童、少年接受义务教育的权利,保证义务教育的实施,提高全民族素质,根据宪法和教育法,制定本法。

《中华人民共和国刑法》第一条:为了惩罚犯罪,保护人民,根据宪法,结合我国同犯罪作斗争的具体经验及实际情况,制定本法。

提问:这三部法律的第一条有何共同之处?说明了什么?

讲解:这三部法律都是根据宪法制定的。说明宪法是其他法律的立法基础和立法依据,普通法律是宪法的具体化。

◎课程内容：
一、我国宪法的形成和发展

提问：你知道我国宪法是什么时候、在哪个地方起草的吗？

播放视频：《"五四宪法"在杭州：一座城与一部法的不解之缘》。

讲解：1953年12月下旬，毛泽东乘专列离京赴杭。列车上他对随行人员说："治国，须有一部大法。我们这次去杭州，就是为了能集中精力做好这件立国安邦的大事。"这件立国安邦的大事，就是组织起草中华人民共和国第一部宪法。

组织起草宪法之地，位于西子湖畔的浙江省杭州市北山街84号大院30号楼，现为"五四宪法"历史资料陈列馆。

从1953年12月28日至1954年3月14日，毛泽东率领宪法起草小组成员在这里度过了77个日夜，起草了宪法草案初稿，史称"西湖稿"，为新中国宪法的正式诞生奠定了重要基础。在"西湖稿"起草期间，毛主席住在刘庄，每天午后3点，他从刘庄出发来到这里，往往一干就是一个通宵，常常是"午饭"在夜里，"晚饭"在清晨。在毛主席当年工作过的办公室内，桌子上、柜子里，摆满了各种图书和资料。其中，包括苏联等社会主义国家的宪法，还有一些西方国家宪法的译本。这些都是当时毛主席阅读研究的内容、起草宪法参考的资料。

宪法的起草和讨论工作是在京杭两地同时开展的。在杭州的宪法起草小组每写出一稿，就会发往北京，北京方面进行讨论并提出修改意见。初稿、二读稿、三读稿，一直到四读稿，宪法起草小组在杭州的工作才得以圆满结束。

在这期间，两地共往来了11封电报和信件。观察手稿的落款可以发现，很多时间都是深夜两点。也就是说，深夜两点，当大多数人都已进入梦乡的时候，毛主席和其他工作人员还在为宪法的起草工作忙碌着。除了电报和信件，陈列馆还展示了毛主席关于宪法草案的批语。在"西湖稿"的起草过程中，毛主席亲自参加讨论，对草案的每一部分内容进行反复研究和论证，逐字逐句打磨。毛主席曾经说过，"这个宪法草案所以得人心，是什么理由呢？我看理由之一，就是起草宪法采取了领导机关的意见和广大群众的意见相结合的方法"。

宪法草案正式发布后交付全国人民讨论。在近3个月时间里，全国有1.5亿余人参加讨论，提出118万多条修改、补充意见。约占全国人口四分之一的公民参与了宪法制定,这在世界制宪史上是极为罕见的。

陈列馆的工作人员说,大讨论期间,当时我国不少地方遭遇特大洪灾,各地都在组织抗洪,很多地方是在防洪堤坝上组织民众进行讨论的。洪水冲坏了公路、铁路,讨论意见便用油纸包裹好,通过飞机空运到北京。

1954年9月20日,第一届全国人民代表大会第一次会议上,会议全票通过《中华人民共和国宪法》。"五四宪法"正式公布后,全国人民都欢欣鼓舞庆祝宪法的颁布。为了纪念这一盛事,当年很多人给孩子起名叫"宪法"。

我国宪法的形成及修改:新中国成立以来,我国先后颁布了四部宪法。第一部宪法是1954年第一届全国人民代表大会第一次会议通过的。各界公认这部宪法是一部好宪法,总结了我国长期革命的经验,特别是新中国成立五年来的经验,把人民民主、社会主义原则、党的过渡时期的总路线用宪法的形式肯定下来。1975年,我国颁布了第二部宪法,这部宪法是在国家政治生活很不正常的情况下产生的,反映了当时的很多错误观点。1978年又颁布了第三部宪法。由于受历史条件限制,党和国家还没来得及全面总结新中国成立以来社会主义建设的经验教训,没有彻底清理和消除"文革"中"左"的思想影响,反映在这部宪法中,仍然保留着不少"文革"的痕迹,但是没有1978年宪法,我们不能完成从"文革"秩序向新法律秩序的转变,我们不可能在1979年制定改革开放之初最重要的7部法律,也不可能顺利出台1982年宪法。1979年7月和1980年9月又两次进行宪法部分条文的修改,仍不能满足形势发展的需要。1982年颁布的宪法是第四部,也是我国现行宪法,是适应改革开放全面展开的新时期、新要求对1978年宪法作出全面修改后的宪法。

二、我国宪法的地位和基本原则

集体诵读:《中华人民共和国宪法》序言,可以采取每组诵读一个自然段的形式。通过诵读,让宪法精神深入学生心中。

中国是世界上历史最悠久的国家之一。中国各族人民共同创造了光辉灿烂的文化,具有光荣的革命传统。

一八四〇年以后,封建的中国逐渐变成半殖民地、半封建的国家。中国人民为国家独立、民族解放和民主自由进行了前仆后继的英勇奋斗。

二十世纪,中国发生了翻天覆地的伟大历史变革。

一九一一年孙中山先生领导的辛亥革命,废除了封建帝制,创立了中华民国。但是,中国人民反对帝国主义和封建主义的历史任务还没有完成。

一九四九年,以毛泽东主席为领袖的中国共产党领导中国各族人民,在经历了长期的艰难曲折的武装斗争和其他形式的斗争以后,终于推翻了帝国主义、封建主义和官僚资本主义的统治,取得了新民主主义革命的伟大胜利,建立了中华人民共和国。从此,中国人民掌握了国家的权力,成为国家的主人。

中华人民共和国成立以后,我国社会逐步实现了由新民主主义到社会主义的过渡。生产资料私有制的社会主义改造已经完成,人剥削人的制度已经消灭,社会主义制度已经确立。工人阶级领导的、以工农联盟为基础的人民民主专政,实质上即无产阶级专政,得到巩固和发展。中国人民和中国人民解放军战胜了帝国主义、霸权主义的侵略、破坏和武装挑衅,维护了国家的独立和安全,增强了国防。经济建设取得了重大的成就,独立的、比较完整的社会主义工业体系已经基本形成,农业生产显著提高。教育、科学、文化等事业有了很大的发展,社会主义思想教育取得了明显的成效。广大人民的生活有了较大的改善。

中国新民主主义革命的胜利和社会主义事业的成就,是中国共产党领导中国各族人民,在马克思列宁主义、毛泽东思想的指引下,坚持真理,修正错误,战胜许多艰难险阻而取得的。我国将长期处于社会主义初级阶段。国家的根本任务是,沿着中国特色社会主义道路,集中力量进行社会主义现代化建设。中国各族人民将继续在中国共产党领导下,在马克思列宁主义、毛泽东思想、邓小平理论、"三个代表"重要思想、科学发展观、习近平新时代中国特色社会主义思想指引下,坚持人民民主专政,坚持社会主义道路,坚持改革开放,不断完善社会主义的各项制度,发展社会主义市场经济,发展社会主义民主,健全社会主义法治,贯彻新发展理念,自力更生,艰苦奋斗,逐步实现工业、农业、国防和科学技术的现代化,推动物质文明、政治文明、精神文明、社会文明、生态文明协调发展,把我国建设成为富强民主文明和谐美丽的社会主义现代化强国,实现中华民族伟大复兴。

在我国,剥削阶级作为阶级已经消灭,但是阶级斗争还将在一定范围内长期存在。中国人民对敌视和破坏我国社会主义制度的国内外的敌对势力和敌对分子,必须进行斗争。

台湾是中华人民共和国的神圣领土的一部分。完成统一祖国的大业是包括台湾同胞在内的全中国人民的神圣职责。

社会主义的建设事业必须依靠工人、农民和知识分子,团结一切可以团结的力量。在长期的革命、建设、改革过程中,已经结成由中国共产党领导的,有各民主党派和各人民团体参加的,包括全体社会主义劳动者、社会主义事业的建设者、拥护社会主义的爱国者、拥护祖国统一和致力于中华民族伟大复兴的爱国者的广泛的爱国统一战线,这个统一战线将继续巩固和发展。中国人民政治协商会议是有广泛代表性的统一战线组织,过去发挥了重要的历史作用,今后在国家政治生活、社会生活和对外友好活动中,在进行社会主义现代化建设、维护国家的统一和团结的斗争中,将进一步发挥它的重要作用。中国共产党领导的多党合作和政治协商制度将长期存在和发展。

中华人民共和国是全国各族人民共同缔造的统一的多民族国家。平等团结互助和谐的社会主义民族关系已经确立,并将继续加强。在维护民族团结的斗争中,要反对大民族主义,主要是大汉族主义,也要反对地方民族主义。国家尽一切努力,促进全国各民族的共同繁荣。

中国革命、建设、改革的成就是同世界人民的支持分不开的。中国的前途是同世界的前途紧密地联系在一起的。中国坚持独立自主的对外政策,坚持互相尊重主权和领土完整、互不侵犯、互不干涉内政、平等互利、和平共处的五项原则,坚持和平发展道路,坚持互利共赢开放战略,发展同各国的外交关系和经济、文化交流,推动构建人类命运共同体;坚持反对帝国主义、霸权主义、殖民主义,加强同世界各国人民的团结,支持被压迫民族和发展中国家争取和维护民族独立、发展民族经济的正义斗争,为维护世界和平和促进人类进步事业而努力。

本宪法以法律的形式确认了中国各族人民奋斗的成果,规定了国家的根本制度和根本任务,是国家的根本法,具有最高的法律效力。全国各族人民、一切国家机关和武装力量、各政党和各社会团体、各企业事业组织,都必须以宪法为根本的活动准则,并且负有维护宪法尊严、保证宪法实施的职责。

我国宪法是国家的根本法,是党和人民意志的集中体现,在中国特色社会主义法律体系中居于核心地位。

(一)我国宪法的地位

1.宪法的构成。

提问:同学们知道宪法是由哪几部分组成的吗?

讲解:宪法文本结构是指宪法文本内容的具体组织和排列形式,分为形式结构和内容结构。形式结构指将宪法规范予以合理排列的顺序、方式,我国宪法分章、节、条、款、项。内容结构由宪法名称、序言、宪法正文、附则四部分构成。我国宪法分序言,第一章总纲,第二章公民的基本权利和义务,第三章国家机构,第四章国旗、国歌、国徽、首都。宪法是国家的根本法,是治国安邦的总章程。在制定和修改的程序上,宪法比其他法律更为严格。

2.宪法的地位。

我国宪法实现了党的主张和人民意志的高度统一,具有显著优势、坚实基础、强大生命力。宪法至上地位主要体现在其特有的作用、效力和内容等方面。

第一,推动作用。我国宪法是国家的根本法,是党和人民意志的集中体现。在坚持中国共产党领导,保障人民当家作主,促进改革开放和社会主义现代化建设,推动社会主义法治国家建设进程,维护国家统一、民族团结、社会稳定等方面发挥着推动作用。

第二,宪法效力。我国宪法是国家各项制度和法律法规的总依据。宪法在中国特色社会主义法律体系中居于核心地位,具有最高的法律地位、法律权威、法律效力,具有根本性、全局性、稳定性、长期性。我国一切法律、行政法规、地方性法规的制定都必须以宪法为依据,不得与宪法相抵触。

第三,宪法内容。我国宪法规定了国家的根本制度,确立了中国共产党的领导地位、人民民主专政的国体、社会主义制度是我国的根本制度、人民代表大会制度的政体、中国共产党领导的多党合作和政治协商制度、民族区域自治制度和基层群众自治制度、社会主义基本经济制度。

(二)我国宪法的基本原则

党的领导原则,人民当家作主原则,尊重和保障人权原则,社会主义法治原则,民主集中制原则。

播放视频:《一分钟看懂全国人民代表大会》。

提问:同学们知道全国人民代表大会都有什么职权吗？可以进行分组讨论,每组同学说一种职权。

讲解:中华人民共和国全国人民代表大会,是中国最高国家权力机关。

我国宪法第六十二条规定,全国人民代表大会行使下列职权:

(一)修改宪法;

(二)监督宪法的实施;

(三)制定和修改刑事、民事、国家机构的和其他的基本法律;

(四)选举中华人民共和国主席、副主席;

(五)根据中华人民共和国主席的提名,决定国务院总理的人选;根据国务院总理的提名,决定国务院副总理、国务委员、各部部长、各委员会主任、审计长、秘书长的人选;

(六)选举中央军事委员会主席;根据中央军事委员会主席的提名,决定中央军事委员会其他组成人员的人选;

(七)选举国家监察委员会主任;

(八)选举最高人民法院院长;

(九)选举最高人民检察院检察长;

(十)审查和批准国民经济和社会发展计划和计划执行情况的报告;

(十一)审查和批准国家的预算和预算执行情况的报告;

(十二)改变或者撤销全国人民代表大会常务委员会不适当的决定;

(十三)批准省、自治区和直辖市的建置;

(十四)决定特别行政区的设立及其制度;

(十五)决定战争和和平的问题;

(十六)应当由最高国家权力机关行使的其他职权。

三、加强宪法实施与监督

提问:你知道"国家宪法日"是哪一天吗？你知道"国家宪法日"的由来吗？

讲解:2014年11月1日,十二届全国人大常委会第十一次会议作出决定,将现行宪法通过、公布、施行日期12月4日设立为"国家宪法日"。所以每年的12月4日都有各种各样的形式宣传宪法,设立宪法日是为了增强全社会的宪法意识、弘扬宪法精神、加强宪法实施、全面推进依法治国。"国家宪法日"是一个重要的仪式,传递的是"依宪治国""依宪执政"的理念,使这一天成为全民的宪法"教育日、普及日、深化日",形成举国上下尊重宪法、宪法至上的社会氛围。

(一)加强宪法实施

1.坚持依宪执政。

宪法是我们党长期执政的根本法律依据,我们党首先要带头尊崇和执行宪法。要坚持党领导立法、保证执法、支持司法、带头守法,把依法治国、依法执政、依法行政统一起来,把党总揽全局、协调各方同人大、政府、政协、监察机关、审判机关、检察机关依法依章程履行职能、开展工作统一起来,把党领导人民制定和实施宪法法律同党坚持在宪法法律范围内活动统一起来。

2.坚持依法立法。

国家权力机关要加强和改进立法工作,继续完善以宪法为核心的中国特色社会主义法律体系,以良法促进发展、保障善治、维护人民民主权利,保证宪法确立的制度、原则和规则得到全面实施。

提问:这几年我们在立法中有哪些新法和新亮点?

举例:《中华人民共和国反食品浪费法》《中华人民共和国个人信息保护法》等。同学们还可以具体了解这些法律中的亮点。

3.坚持严格执法。

国家行政机关要坚持依宪施政、依法行政,严格规范政府行为,深化行政执法体制改革,推进执法规范化建设,严格规范公正文明执法,加大决策合法性审查力度,进一步提高科学决策、民主决策、依法决策水平。

(二)完善宪法监督

宪法实施以来,我国不断探索并逐步建立了具有中国特色的宪法监督制度。宪法实施离不开宪法监督,宪法监督是保证宪法实施、维护宪法权威的重要制度形式。完善宪法监督包括:健全人大工作机制,健全宪法解释机制,健全备案审查机制,健全合宪性审查机制。

提问:你了解举行宪法宣誓仪式需要准备哪些物品吗?

讲解:中华人民共和国宪法宣誓制式法器全套共五件,分别由宪法宣誓领誓法台(集体宣誓领誓人专用)、宪法宣誓法台、宪法宣誓领誓法台脚踏——"上台"(两件)、中华人民共和国宪法(书法版宣誓专用)图书共同构成。

集体诵读：宪法宣誓誓词。

要求：由一人领誓，领誓人左手抚按《中华人民共和国宪法》，右手举拳，领诵誓词；其他宣誓人整齐排列，右手举拳，跟诵誓词。

我宣誓：忠于中华人民共和国宪法，维护宪法权威，履行法定职责，忠于祖国、忠于人民，恪尽职守、廉洁奉公，接受人民监督，为建设富强民主文明和谐美丽的社会主义现代化强国努力奋斗！

活动总结：我们要自觉尊崇宪法、学习宪法、遵守宪法、维护宪法、运用宪法，大力弘扬宪法精神，不断增强宪法意识，把宪法作为判断大是大非的准绳，在宪法的阳光照耀下追求国家富强和人民幸福。

◎ 课程小结：

讲解宪法在法治体系中的权威地位，掌握宪法基本原则在法律知识运用到社会法治实施的监督和个人权利保护中的体现。明确宪法是根本法的重要性，跟我们每个公民息息相关。

第四节　自觉尊法学法守法用法

◎ 课程导入：

现在到处可见刷脸进站、刷脸取款、刷脸支付、刷脸报到……随着人脸识别技术的日渐成熟，"刷脸"时代正在到来。如今，互联网、大数据、云计算、生物识别、自动驾驶技术等各个领域的技术，都处在爆发增长的临界点。

全国首个刷脸支付医院出现。2019年，刷脸支付在浙江省安吉县人民医院正式试运行。目前，"刷脸就医"功能包含患者首诊建档、当日挂号、交费、查看报告等多个现实就医场景，同时支持医保和自费病人。就此，安吉县人民医院成为国内首家"刷脸支付"的医院。有报道称，其也可能是世界首家"刷脸支付"的医院。

刷脸支付自诞生之日起，就被视为一场支付方式的革命。国外的苹果公司、国内的支付宝纷纷上线刷脸支付功能，布局生物识别技术，人工智能进入新境界。生物识别技术有着广泛的应有前景,在个人消费、医疗、政务等诸多方面都大有可为。眼下,生物识别的商业化落地刚刚开始,一旦业态成熟,势必大幅提高消费体验与公共服务品质。

不过,也要看到的是,生物识别技术蓬勃发展,但我国尚无相应的安全监管机制,"个人信息即价值",在国内隐私环境不够清朗的背景下,人脸识别技术也会出现侵犯个人隐私的风险。譬如有人就担心不法分子可以通过伪造人脸的方式骗过人脸识别技术实施诈骗。另外,大量的用户"人脸"信息被采集并储存,这是一个规模庞大的信息库,与采集机构相连的组织均有可能获取用户个人信息,一旦利用不当,就可能对个人权益造成侵害。

长远来看,随着AI、图像处理等技术的进一步成熟,与生物识别技术的商业化落地,刷脸支付很可能如支付码一样,"飞入寻常百姓家",最终沉淀成一种现代消费习惯。但也正因如此,更需要相关企业、监管部门建立风险防范机制,防止生物识别技术跑偏。在此方面,行业领先者作怎样的表率,尤为重要。

讨论:"刷脸时代"如何保护个人隐私?

点评:面部识别技术在"刷脸"过程中,用户的姓名、性别、职业甚至包括用户不同情境状态下的情绪等大量信息,都被采集并储存;我们应该着力解决它存在的一些小问题,更好地规范它,让它更好地服务于我们的生活。我们需要用法治的思维去考虑这个问题。用法律约束违法行为,同时规范自己日常使用手机的行为,如从正规应用市场下载APP,不乱用不熟悉的Wi-Fi,谨慎授权APP使用协议,不轻易授权免密支付功能,网络购物不脱离平台等。

◎ 课程内容:

一、培养社会主义法治思维

(一)法治思维及其内涵

法治和人治问题是人类政治文明史上的一个基本问题,也是各国在实现现代化过程中必须面对和解决的一个重大问题。综观世界近现代史,凡是顺利实现现代化的国家,没有一个不是较好解决了法治和人治问题的。

——习近平《在中共十八届四中全会第二次全体会议上的讲话》

法治是人类政治文明的重要成果,是现代社会的一个基本框架。大到国家的政体,小到个人的言行,都需要在法治的框架中运行。对于现代中国,法治国家、法治政府、法治社会一体建设,才是真正的法治。下面我们一起来认识"法治"与"人治"的区别。

1.代表性不同。

法治是多数人之治,法律是大家合意的表示,全民意志的表示;而人治是一个人的意志,凭批示,统治者要怎么办就得怎么办。

2.先后不同。

法治是按照事先建立的法律规则进行法律适用,"十二铜表法""商鞅立信",都是事先立了规矩,向社会宣告颁布,令出必行。包括立法者自己,也要坚决遵守,这都是事先立法。而人治是事后立规,便宜行事。事件发生之后,再随机出台处理原则,随势而为,跟着社会状况,随时变化。

3.管理不同。

法治是将矛盾带上法庭,理性管理国家。让国家按照秩序,以法治的渠道来解决,稳妥而恒定。而人治是搞运动,像到处游行,把嫌疑人拉到广场上宣判,公开处理,一下子从重打击,一下子从轻放过。

4.立场不同

法治国家,主权在民。人民掌握国家主权并由人民授权立法,立法既要遵循民主程序又要以符合人类文明公理为原则。人治国家,主权在王。君王既是国家的主权者,也是国家的立法者,法律制度不过是君王进行统治的工具而已。

法治思维是指以法治价值和法治精神为导向,运用法律原则、法律规则、法律方法思考和处理问题的思维模式。

法治思维包含以下几层含义:

第一,法治思维以法治价值和法治精神为指导,蕴含着公平、平等、民主、人权等法治理念,是一种正当性思维。

第二,法治思维以法律原则和法律规则为依据,指导人们的社会行为,是一种规范思维。

第三,法治思维以法律手段与法律方法为依托分析问题、处理问题、解决纠纷,是一种逻辑思维。

第四,法治思维是一种符合规律、尊重事实的科学思维。

案例:昆山"反杀"案。

2018年9月1日,江苏昆山警方通过官方微信公众号就昆山"反杀"案发布通报:于海明的行为属于正当防卫,不负刑事责任,公安机关依法撤销于海明案件。

2018年8月27日晚,江苏昆山一开宝马的男子刘某和骑电动车男子于海明发生争执,刘某下车后对其一顿拳打脚踢,后又从车中拿出长刀砍向于某,没想到长刀脱手被于海明捡起,于海明持刀还击将刘某砍伤,刘某经抢救无效死亡。

讨论:在此案中于海明的行为为什么属于正当防卫?如何体现法治思维?

点评:江苏昆山警方通过官方微信公众号就昆山"反杀"案发布通报。于海明的行为属于正当防卫,不负刑事责任,公安机关依法撤销于海明案件。这正是法治思维作为正当性思维的体现。

(二)法治思维的基本内容

法治思维主要表现为价值取向和规则意识,价值取向是指如何看待和对待法律,规则意识是指如何用法律看待和对待自身。

法治思维主要包括:

法律至上(具体表现为法律的普遍适用、优先适用和不可违反)。

权力制约(包括权力由法定、有权必有责、用权受监督、违法受追究四项要求)。

公平正义(包括权利公平、机会公平、规则公平和救济公平)。

权利保障(包括公民权利的宪法保障、立法保障、行政保障和司法保障。宪法保障是权利保障的前提和基础。立法保障是权利保障的重要条件。行政保障是权利保障的关键环节。司法保障是公民权利保障的最后防线)。

程序正当(表现在程序的合法性、中立性、参与性、公开性、时限性等方面)。

播放视频:《上海交警文明执法视频热传网络:网友直呼"教科书式执法"》。

提问:你觉得交警在执法过程中的执法行为正确吗?体现了法治思维什么内容?

点评:2018年5月,上海交警在对一无牌、无证违法行为进行查处时,遭到执法对象的对抗,民警用标准、规范却又强硬、果断的执法,赢得网友一边倒的点赞、支持!并被称为"教科书式执法"!迅速走红网络、成了热点,甚至成为一种现象。

之后,挺警自媒体观察者网也发布了相关报道,对警察执法表示认可、支持。5月18日,《人民日报》更是通过微信公众号发布专门推文,认可、支持警察此次执法,甚至明确表态:依法执法是最好的文明执法。共青团中央、人民网、央视网等央媒纷纷跟进报道,均对警察此次执法表示明确支持、点赞!

这里体现了法治思维内容中的程序正当。

二、依法行使权利与履行义务

(一)法律权利与法律义务

讲解:权利和义务的内容、种类是不同的,其中被法律规定或认可的,称为法律权利和法律义务。享有法律权利的主体称为权利人,承担法律义务的主体称为义务人。

1.法律权利。

讲解:法律权利是指由一定的社会物质生活条件所制约的行为自由,是法律所允许的权利人为了满足自己的利益而采取的、由其他人的法律义务所保障的法律手段。强调社会的物质生活条件对权利的制约和决定作用。这是马克思主义权力观与其他权力观的根本区别。

法律权利的特征:一是法律权利的内容、种类和实现程度受社会物质生活条件的制约;二是法律权利的内容、分配和实现方式因社会制度和国家法律的不同而存在差异;三是法律权利不仅由法律规定或认可,而且受法律维护或保障,具有不可侵犯性;四是法律权利必须依法行使,不能不择手段地行使法律权利。

2.法律义务。

法律义务是指由一定的社会物质生活条件所制约的社会责任,是保证法律所规定的义务人按照权利人要求从事一定行为或不从事一定行为以满足权利人利益的法律手段。

法律义务的履行表现为两种形式:一种是作为,是指义务人实施积极的行为,如子女通过经常看望和提供财物等行为履行赡养父母的义务等;另一种是不作为,是指义务人不得实施某种行为,如未经许可不得公开他人的隐私等。法律义务具有法定的强制性,违反法律义务必须承担法律责任。

法律义务的特点:第一,法律义务是历史的。第二,法律义务源于现实需要。第三,法律义务必须依法设定。第四,法律义务可能发生变化。

(二)我国宪法法律规定的权利

政治权利(包括选举权与被选举权、表达权、民主管理权、监督权);宗教信仰自由;人身权利;财产权利;社会经济权利;文化教育权利;等等。

比如:宪法规定了人身权利,又称人身非财产权,是指与人身直接相关而没有经济内容的权益。属公民的基本权利之一。

人身权利的内容包括:生命健康权、人身自由权和人格尊严权、住宅安全权、通信自由权。

提问:生命权是什么?

自然人享有生命权。自然人的生命安全和生命尊严受法律保护。任何组织或者个人不得侵害他人的生命权。生命权是人类固有的,是其他一切权利的基础和前提。内涵中强调了生命安全和生命尊重同等程度地受到法律的关注和保障。

(三)依法行使法律权利

依法行使法律权利要求公民行使权利时应严格依据法律进行,以法律的相关规定为界限,超出这个界限就可能侵犯到他人的权利或者损害到国家、社会的利益。遵循以下四点:第一,权利行使目的的正当性。第二,权利行使的必要限度。第三,权利行使方式的法定性。第四,权利行使的正当程序。

(四)依法履行法律义务

法律权利的行使必须伴随着法律义务的履行,但法律义务更需要由法律加以规定。义务法定,一方面是说义务的设定必须有法律依据,另一方面是说法定的义务应当履行,否则会承担不利的法律后果。我国公民基本的法律义务包括:维护国家统一和民族团结的义务,遵守宪法和法律的义务,维护祖国安全、荣誉和利益的义务,依法服兵役的义务,依法纳税的义务。

三、不断提升法治素养

内容包括:尊重法律权威、学习法律知识、养成守法习惯、提高用法能力。

案例:药家鑫(1989年11月7日—2011年6月7日),陕西省西安市新城区人,西安音乐学院大三的学生。2010年10月20日深夜,被告人药家鑫驾车撞人后又将伤者刺了八刀致其死亡,此后驾车逃逸至郭杜十字路口时再次撞伤行人,逃逸时被附近群众抓获。后被公安机关抓捕。2011年1月11日,西安市检察院以故意杀人罪对药家鑫提起了公诉。同年4月22日在西安市中级人民法院一审宣判,药家鑫犯故意杀人罪,被判处死刑,剥夺政治权利终身,并处赔偿被害人家属经济损失45498.5元。5月20日,陕西省高级人民法院对药家鑫案二审维持一审死刑判决。2011年6月7日上午,药家鑫被执行死刑。

提问:在此案件中大家有什么感受?

点评:年轻的药家鑫作为一名大学生,本应该和他的同龄人一样,有着无限美好的未来。但在花样年华的季节,生命之花却在他对生命的不尊重和轻视中,在无数人的愤怒和唾骂声中凋谢了。从这个角度来说,他的悲剧是值得人惋惜的。但是,不能因为惋惜就可避免法律的严惩。他恶意地剥夺了别人的生命,他也只能受到生命被剥夺的惩罚。只有依法严惩,才能对此类残忍行为和恶性案件起到震慑和阻止的作用。如果姑息了"药家鑫们"的行为,其实就是鼓励和纵容这类行为和案件的更多发生,就会有更多的悲剧被制造出来。

◎ **课程小结:**

培养社会主义法治思维,了解法治思维的基本内容。依法行使权利与履行义务,明确我国宪法规定的权利,用案例进行讲解、讨论。不断提升法律素养使学生尊法学法守法用法。

◎ **总结提高:**

通过课堂理论讲授、课堂活动、案例分析、课堂实践等多种教学活动,增强学生法律意识,形成法治思维。使学生养成心中有法、自觉守法、正确用法的良好习惯,树立正确的权利义务观,妥善处理学习、生活中遇到的法律问题和各种矛盾,不断提高自己的法治素养。在讲解过程中发现,学生对现实发生的案例更感兴趣,但由于法律知识掌握不够,所以分析案例还是存在一定难度。在教学过程中加入更多真实案例也是非常有必要的。

第二部分 案例分析

案例一

案例呈现

钟某和马某于2021年登记结婚。婚后,双方因打牌及家庭琐事,逐渐滋生矛盾。马某频繁因经济问题对钟某实施暴力,甚至将其逐出家门。2021年9月某日,在一次家庭琐事的争吵中,马某与钟某发生激烈抓扯,马某卡住钟某喉咙,致其头部受伤,钟某报警后被送往医院治疗。派出所民警向马某出具了《家庭暴力告诫书》,严禁其再次实施家暴。然而,马某并未收敛,又因打牌与经济问题对钟某大打出手。

2024年1月,钟某向重庆市江津区人民法院起诉离婚,并要求马某赔偿精神损失。重庆市江津区人民法院审理认为,本案双方当事人婚后常因琐事发生纠纷,且马某对钟某有实施家暴的行为,双方夫妻感情确已破裂,法院准许双方离婚并判决马某对钟某支付精神损害赔偿金5000元。

[黄乔.《重庆日报》,2024-12-04(05),有改动]

思考讨论

请结合相关法律规定分析此案例。

宪法第四十九条规定,婚姻、家庭、母亲和儿童受国家的保护。禁止破坏婚姻自由,禁止虐待老人、妇女和儿童。

同时,民法典第一千零九十一条第三项规定,实施家庭暴力,导致离婚的,无过错方有权请求损害赔偿。故,在婚姻关系存续期间确有实施家暴行为的,法院可根据施暴者的过错程度、手段、场合、次数、方式和所造成的后果等因素,酌情认定精神损害赔偿金额。

家庭暴力严重危害受害人的身心健康与生命安全,往往导致婚姻家庭破裂以及子女成长不幸。家庭暴力的受害者可重点收集公安出警记录、伤情鉴定书、家庭暴力现场照片及录像、受伤影像资料等证据,还可向法院申请人身安全保护令,要学会用法律武器保护自己,勇敢对家暴说"不"。

使用建议

在讲授"我国宪法法律规定的权利"及"培养社会主义法治思维"时使用。

案例二

案例呈现

2018年8月27日昆山市震川路于海明致刘海龙死亡案,备受社会舆论关注。公安机关经过缜密侦查,并商请检察机关提前介入,现就该案件调查处理情况予以通报。

一、案件基本情况

2018年8月27日21时30分许,刘海龙驾驶宝马轿车在昆山市震川路西行至顺帆路路口,与同向骑自行车的于海明发生争执。刘海龙从车中取出一把砍刀连续击打于海明,后被于海明反抢砍刀并捅刺、砍击数刀,刘海龙身受重伤,经抢救无效死亡。

二、侦查认定事实

接到报警后,昆山市公安局立即出警处置并立案侦查。鉴于此案社会关注度高,江苏省公安厅、苏州市公安局第一时间派出力量赴昆山指导案件侦办工作。经现场勘查、走访调查、询问讯问、视频侦查和检验鉴定等工作,案件事实已经查清。

(一)涉案人员情况

刘海龙,男,36岁,甘肃省镇原县人,暂住昆山市陆家镇某小区,案发前在昆山市陆家镇某企业打工。

于海明,男,41岁,陕西省宁强县人,暂住昆山市青阳路某小区,案发前在昆山市某酒店工程部工作。

案发时刘某某(男)、刘某(女)、唐某某(女)与刘海龙同车。刘某某参与殴打于海明,被依法行政拘留十日;刘某、唐某某下车劝解,未参与案件。于海明同行人员袁某某,未参与案件。

(二)认定主要事实

1.案件起因。案发当晚,刘海龙醉酒驾驶皖AP9G57宝马轿车(经检测,血液酒精含量87 mg/100mL),载刘某某、刘某、唐某某沿昆山市震川路西行至顺帆路路口时,向右强行闯入非机动车道,与正常骑自行车的于海明险些碰擦,双方遂发生争执。

2.案件经过。刘某某先下车与于海明发生争执,经同行人员劝解返回车辆时,刘海龙突然下车,上前推搡、踢打于海明。虽经劝架,刘海龙仍持续追打,后返回宝马轿车取出一把砍刀(经鉴定,该刀为尖角双面开刃,全长59厘米,其中刀身长43厘米、宽5厘米,系管制刀具),连续用刀击打于海明颈部、腰部、腿部。击打中砍刀甩脱,于海明抢到砍刀,并在争夺中捅刺刘海龙腹部、臀部,砍击右胸、左肩、左肘,刺砍过程持续7秒。刘海龙受伤后跑向宝马轿车,于海明继续追砍2刀均未砍中,其中1刀砍中汽车(经勘查,汽车左后窗下沿有7厘米长刀痕)。刘海龙跑向宝马轿车东北侧,于海明返回宝马轿车,将车内刘海龙手机取出放入自己口袋。民警到达现场后,于海明将手机和砍刀主动交给处警民警(于海明称,拿走刘海龙手机是为了防止对方打电话召集人员报复)。

3.案件后果。刘海龙逃离后,倒在距宝马轿车东北侧30余米处的绿化带内,后经送医抢救无效于当日死亡。经法医鉴定并结合视频监控认定,在7秒时间内,刘海龙连续被刺砍5刀,其中,第1刀为左腹部刺戳伤,致腹部大静脉、肠管、肠系膜破裂;其余4刀依次造成左臀部、右胸部并右上臂、左肩部、左肘部共5处开放性创口及3处骨折,死因为失血性休克。

于海明经人身检查,见左颈部条形挫伤1处,左胸季肋部条形挫伤1处。

三、案件定性及理由

根据侦查查明的事实,并听取检察机关意见和建议,依据《中华人民共和国刑法》第二十条第三款"对正在进行行凶、杀人、抢劫、强奸、绑架以及其他严重危及人身安全的暴力犯罪,采取防卫行为,造成不法侵害人伤亡的,不属于防卫过当,不负刑事责任"之规定,于海明的行为属于正当防卫,不负刑事责任,公安机关依法撤销于海明案件。主要理由如下：

（一）刘海龙的行为属于刑法意义上的"行凶"。根据《中华人民共和国刑法》第二十条第三款规定，判断"行凶"的核心在于是否严重危及人身安全。司法实践中，考量是否属于"行凶"，不能苛求防卫人在应急反应情况下作出理性判断，更不能以防卫人遭受实际伤害为前提，而要根据现场具体情景及社会一般人的认知水平进行判断。本案中，刘海龙先是徒手攻击，继而持刀连续击打，其行为已经严重危及于海明人身安全，其不法侵害应认定为"行凶"。

（二）刘海龙的不法侵害是一个持续的过程。纵观本案，在同车人员与于海明争执基本平息的情况下，刘海龙醉酒滋事，先是下车对于海明拳打脚踢，后又返回车内取出砍刀，对于海明连续数次击打，不法侵害不断升级。刘海龙砍刀甩落在地后，又上前抢刀。刘海龙被致伤后，仍没有放弃侵害的迹象。于海明的人身安全一直处在刘海龙的暴力威胁之中。

（三）于海明的行为出于防卫目的。本案中，于海明夺刀后，7秒内捅刺、砍中刘海龙的5刀，与追赶时甩击、砍击的两刀（未击中），尽管时间上有间隔、空间上有距离，但这是一个连续行为。另外，于海明停止追击，返回宝马轿车搜寻刘海龙手机的目的是防止对方纠集人员报复、保护自己的人身安全，符合正当防卫的意图。

四、其他相关问题

（一）关于网传刘海龙是"天安社"成员的核查情况。经侦查确认，刘海龙与"天安社"没有关系；未发现"天安社"在昆山市有过活动。

（二）关于网传刘海龙可能涉黑的调查情况。刘海龙2006年8月来昆山打工，案发前与女友租住在昆山市陆家镇某小区49.1平方米的公寓。在昆山期间，因殴打他人、故意损毁财物、故意伤害等违法犯罪行为，被处1次行政拘留和3次九个月至三年不等的有期徒刑，公安机关目前未发现刘海龙有涉黑犯罪行为。

（三）关于刘海龙所驾驶宝马轿车情况。经调查确认，案发时刘海龙驾驶的宝马轿车登记车主为浙江某租赁公司合肥分公司，系刘海龙以其女友名义，于2018年6月从上海某二手车市场以贷款方式购得，首付12.7万元，贷款32.7万元。案发后，经现场勘查，车内未发现其他违禁品。

（四）关于网传刘海龙获见义勇为荣誉证书情况。此情况属实。2018年3月，刘海龙因提供重要线索，协助抓获贩毒嫌疑人，昆山市见义勇为基金会依规为其颁发见义勇为荣誉证书并奖励500元。8月29日，昆山市见义勇为基金会已对此作出回应。

以上案情及调查处理情况特此通报。感谢广大网友和社会各界对昆山公安工作的关心支持！

昆山市公安局
2018年9月1日

思考讨论

1. 此案中如何体现法治思维？
2. 什么是正当防卫？正当防卫的误区都有哪些？

案例点评

江苏昆山警方通过官方微信公众号就昆山"反杀"案发布通报：于海明的行为属于正当防卫，不负刑事责任，公安机关依法撤销于海明案件。这正是法治思维作为正当性思维的体现。

根据我国刑法第二十条的规定，为了使国家、公共利益、本人或者他人的人身、财产和其他权利免受正在进行的不法侵害，而采取的制止不法侵害的行为，对不法侵害人造成损害的，属于正当防卫，不负刑事责任。

它应该符合5个条件：

1. 正当防卫所针对的，必须是不法侵害。
2. 必须是在不法侵害正在进行的时候。
3. 正当防卫所针对的必须是不法侵害人。
4. 正当防卫不能超越一定限度。
5. 是对不法侵害行为人，在采取的制止不法侵害的行为时，所造成损害的行为。

容易产生的误区，特别需要指出的是以下6种行为不属于正当防卫：

1. 打架斗殴中，任何一方对他人实施的暴力侵害行为。两人及多人打架斗殴,一方先动手,后动手的一方实施的所谓反击他人侵害行为的行为,不属于正当防卫。

2.对尚未开始不法侵害行为的行为人实施的所谓"正当防卫"行为。

3.对自动停止,或者已经实施终了的不法侵害的行为人实施的所谓"正当防卫"行为。

4.不是针对正在进行的不法侵害者本人,而是无关的第三者的所谓"正当防卫"行为。

5.不法侵害者已被制伏,或者已经丧失继续侵害能力时的所谓"正当防卫"行为。

6.对合法行为采取的所谓"正当防卫"行为。公安人员依法逮捕、拘留犯罪嫌疑人等合法行为,嫌疑人不得以任何借口实行所谓的"正当防卫"。对紧急避险行为也不能实行正当防卫。

使用建议

该案例在讲授"法治思维及其内涵"时使用。

第三部分
实践环节

实践活动一
集体诵读宪法序言

实践目的

12月4日,是国家宪法日。通过诵读宪法序言让学生了解更多宪法的知识,了解宪法的框架和根本地位。为进一步推进宪法的学习宣传和贯彻实施,切实增强学生的宪法和法治意识,引领学生在诵读中感悟,呼吁学生增强宪法意识、弘扬宪法精神、加强宪法实施,全面推进依法治国。集体诵读宪法序言既是一次法治学习和宣传活动,又是一次爱国主义教育,使学生树立宪法意识,增强宪法观念,加强对宪法的理解,感受宪法的威严和权威,自觉履行维护宪法尊严。

活动设计

分小组诵读,按小组分章节进行。集体诵读完之后,小组派代表表达感受。

注意事项

首先,注意把握每组诵读的时间,以及诵读感情的处理。其次,对每组学生发言后进行点评和指导。最后,补充宪法相关知识以加强对宪法的了解。

实践活动二
《中华人民共和国民法典》知多少

实践目的

宪法规定了公民的权利,其中包括人身权、财产权等。了解最新的《中华人民共和国民法典》,学习法律知识。民法典是社会生活的百科全书,关系到我们每个人社会生活的方方面面。民法典之所以被称为"社会生活的百科全书",因为民法调整平等主体的自然人、法人和非法人组织之间的人身关系和财产关系,囊括了社会生活的方方面面。而自然人作为社会生活、民事活动的最基本主体,"从摇篮到坟墓",人一生各阶段均会参与到民事活动中,所以同学们更应该了解。民法典在总则部分对"自然人"作出了详细规定,界定了自然人的"民事权利能力"与"民事行为能力"。在民法典中人格权占了专门的一个编(第四编),而且生命权、身体权和健康权,姓名权和名称权,肖像权,名誉权和荣誉权,隐私权和个人信息保护,均分别单列一章来详细规定,可见国家在制定民法典的时候充分考虑到了人民群众的切身利益。

活动设计

课前让学生先在网上查找资料,分小组进行。每组说一项跟自己息息相关的民事活动,并从民法典的角度进行分析,教师点评。

注意事项

首先,在分组查阅时,教师需要给出指导意见并分配每组的查找方向。一组:查找自然人的概念,我国是如何界定出生和死亡,特别是脑死亡的概念的?其他国家认定的标准又如何? 二组:查找人身权的概念、包括的内容及司法实践中的应用。三组:查找公民的民事权利能力如何划分,举例说明。四组:公民的财产权及继承权。其次,学生讲解时,要求其他同学做好记录,并发表意见。教师可以再深入讲解。最后,可以补充民法典新的变化及意义。

第四部分 课后练习

一、单项选择题

1.法律区别于道德规范、宗教规范、风俗习惯等其他社会规范首要在于(　　)。

A.法律是统治阶级意志的体现

B.法律是由国家创制和实施的行为规范

C.法律由社会物质生活条件决定

D.法律是历史发展规律和自然规律的反映

2.法律由一定社会的物质生活条件所决定,其中决定法律本质、内容和发展方向的根本因素是(　　)。

A.人口的素质和密度　　　B.生产关系

C.物质资料的生产方式　　D.地理环境

3.以下不属于奴隶制法律的基本特征的是(　　)。

A.具有明显的原始习惯残留

B.否认奴隶的法律人格

C.存在严格的等级划分

D.法律面前人人平等

4.法律运行的起始性和关键性环节是(　　)。

A.法律执行　　B.法律适用　　C.法律制定　　D.法律遵守

5."理国要道,在于公平正直"指的是(　　)。

A.公正司法　　B.严格执法　　C.科学立法　　D.全民守法

6.我国依法治国的主体是(　　)。

A.人民群众　　B.中国共产党　　C.政府　　D.人民代表

7.(　　)是我国的根本法。

A.行政法　　B.宪法　　C.民法　　D.刑法

8.法治思维主要表现为价值取向和(　　)。

A.自身认识　　B.科学立法　　C.规则意识　　D.遵守法律

9.宪法规定对公民的权利,其中包括( )和财产权。

A.生命权　　B.人身权　　C.教育权　　D.选举权

10.党的十八大以来,习近平高度重视( ),创造性提出了一系列全面依法治国的新理念新思想新战略,形成习近平法治思想。

A.全面深化创新

B.全面从严治党

C.全面坚持社会主义道路

D.全面依法治国

11.( )以法治价值和法治精神为指导,蕴含着公平、平等、民主、人权等法治理念,是一种正当性思维。

A.思维方式　　B.法治思维　　C.法治　　D.全面依法治国

12.法治思维表现之一的( )是指如何看待和对待法律。

A.深化改革　　B.创新法治　　C.科学立法　　D.价值取向

13.( )是指由一定的社会物质生活条件所制约的社会责任,是保证法律所规定的义务人按照权利人要求从事一定行为或不从事一定行为以满足权利人利益的法律手段。

A.法律权利　　B.法律责任　　C.法律义务　　D.法律权威

14.宪法是根本大法,"国家宪法日"是哪一天?( )。

A.12月4日　　B.12月1日　　C.12月24日　　D.10月1日

15.( )颁布的宪法是我国现行宪法,是适应改革开放全面展开的新时期、新要求对1978年宪法作出全面修改后的宪法。

A.1980年　　B.1954年　　C.1990年　　D.1982年

16.人格权包括一般人格权和具体人格权。具体人格权包括( )、身体权、健康权、姓名权、名称权、肖像权、名誉权、隐私权、信用权。

婚姻自由权　　B.人络独立权　　C.生命权　　D.政治自由

17.( )保证了人民当家作主的主体地位,保证了人民在全面依法治国中的中心地位,这是我们的最大制度优势。

A.共产党领导　　B.社会主义制度　　C.依法治国　　D.改革开放

18.习近平法治思想的主要内容"( )"涉及的都是全面依法治国方向性、根本性、全局性的重大问题。

A.十个坚持　　B.全面总体　　C.新理念　　D.十一个坚持

19.(　　)行使国家立法权,有权制定法律;国务院享有行政法规的制定权。

A.全国政协　　B.全国人大及其常委会　　C.全国人大代表　　D.法律专业人士

20.(　　)是国家行政机关在其职权范围内,依法对行政事务进行组织和管理活动。

A.依法治国　　B.行政执法　　C.行政程序　　D.公正立法

二、多项选择题

1.政治权利主要包括(　　)。

A.选举权　　B.表达权　　C.民主管理权　　D.监督权

2.行政执法是法律实施和实现的重要环节,必须坚持(　　)等基本原则。

A.合法性　　B.合理性　　C.信赖保护　　D.效率

3.我国宪法(　　)。

A.实现了党的主张和人民意志的高度统一

B.具有显著优势

C.具有坚实基础

D.具有强大生命力

4.关于我国宪法的地位,正确的是(　　)。

A.我国宪法是国家的根本法

B.我国宪法是党和人民意志的集中体现

C.我国宪法是国家各项制度和法律法规的总依据

D.我国宪法规定了国家的根本制度

5.我国宪法的基本原则是(　　)。

A.党的领导原则

B.人民当家作主原则、尊重和保障人权原则

C.社会主义法治原则、民主集中制原则

D.生产资料公有制

6.法律是由国家创制并保证实施的行为规范,国家创制法律规范的方式主要有两种,分别是(　　)。

A.民间习惯　　B.制定　　C.认可　　D.国家强制力

7.法律的历史发展有哪几个时期?(　　)。

A.奴隶制法律　　B.封建制法律　　C.资本主义法律　　D.社会主义法律

8.建设法治中国完善的党内法规体系是指(　　)的党内制度及其运行、保障体系。

A.内容科学　　B.程序严密　　C.配套完备　　D.运行有效

9.不断提升法治素养需要(　　)。

A.尊重法律权威　B.学习法律知识　C.养成守法习惯　D.提高用法能力

10.全国人民代表大会的立法程序,大体包括(　　)程序。

A.法律案的提出　B.法律案的审议　C.法律案的表决　D.法律的公布

三、辨析题

1.法律义务是指反映统治阶级意志所制约的社会责任。

2.法律不是从来就有的,也不是永远存在的。

3.我国社会主义法律只体现人大代表的意志。

四、论述题

1.我国宪法规定公民的基本权利有哪些?

2.如何建设法治中国?

3.坚持中国特色社会主义法治道路必须遵循的原则是什么?

五、材料分析题

材料分析题一:

浙江省诸暨市枫桥镇,一座拥有7万多人口、9000多家企业的历史悠久的小镇,已经连续13年没有发生重特大刑事案件,近3年来有17个乡镇未发生过命案,102个村未发生一起刑事案件。正是"枫桥经验",如同枫桥镇的定海神针一般,护佑枫桥镇风平浪静、长治久安。

20世纪60年代初,浙江省诸暨市枫桥镇干部群众在社会主义教育运动中创造了"发动和依靠群众,坚持矛盾不上交,就地解决。实现捕人少,治安好"的"枫桥经验"。那时的"枫桥经验"主要针对"四类分子",即"地主分子""富农分子""反革命分子"和"坏分子"这四类人。当地发现"四类分子"以后,就地安排改造,由群众进行监督,化解了许多矛盾。

2003年11月,时任浙江省委书记习近平在浙江纪念毛泽东批示"枫桥经验"40周年会议上提出,要牢固树立"发展是硬道理、稳定是硬任务"的政治意识,充分珍惜"枫桥经验",大力推广"枫桥经验",不断创新"枫桥经验"。2013年,中共中央总书记、国家主席、中央军委主席习近平就坚持和发展"枫桥经验"作出重要指示,强调各级党委和政府要充分认识"枫桥经验"的重大意义,发扬优良作风,适应时代要求,创新群众工作方法,善于运用法治思维和法治方式解决涉及群众切身利益的矛盾和问题,把"枫桥经验"坚持好、发展好,把党的群众路线坚持好、贯彻好。

结合材料回答:"枫桥经验"是指的什么?体现了什么精神?

材料分析题二:

"人肉搜索"简称"人肉",是近年来兴起的一种信息和知识搜索,是利用现代信息科技,变传统的计算机网络信息搜索为人际关系型网络社区信息求助和信息帮助活动。作为一种更为人性化的搜索工具,它通过集中许多网民的力量去搜索信息资源,其本质是利网络让更多人参与信息共享,并对共享信息加以辨析和提纯的一种机制。"人肉搜索",在造就网络爆红现象的同时,有时也会带来不同的负面影响如人身攻击等。

"不求最好,但求最肉",如果你爱一个人,请把他放到"人肉搜索"上去,如果你恨一个人,也把他放到"人肉搜索"上去。"人肉搜索"究竟是互助精神的体现,还是一种新的暴力?

请用法治思维来分析:"人肉搜索"合法吗?为什么?

参考答案

一、单项选择题

1.B 2.C 3.D 4.C 5.A 6.A 7.B 8.C 9.B 10.D
11.B 12.D 13.C 14.A 15.D 16.C 17.B 18.D 19.B 20.B

二、多项选择题

1.ABCD 2.ABCD 3.ABCD 4.ABCD 5.ABC
6.BC 7.ABCD 8.ABCD 9.ABCD 10.ABCD

三、辨析题

1.错误。法律义务是指由一定的社会物质生活条件所制约的社会责任,是保证法律所规定的义务人按照权利人要求从事一定行为或不从事一定行为以满足权利人利益的法律手段。

2.正确。原始社会早期没有法律,那时起规范和制约作用的只能是部落习惯。法律是随着私有制的产生而产生的,也将随着私有制、阶级和国家的消亡而消亡。

3.错误。我国社会主义法律体现了党的主张和人民意志的统一。从体现的意志看,我国社会主义法律是党的主张和人民共同意志的体现,是阶级性与人民性的统一。从实质内容看,我国社会主义法律是社会历史发展规律、自然规律的反映,是科学性和先进性的统一。

四、论述题

1.《中华人民共和国宪法》规定公民在法律面前一律平等,任何公民享有宪法和法律规定的权利,同时必须履行宪法和法律规定的义务。公民的基本权利主要有:(1)公民的平等权。即公民在适用法律上一律平等,也包括了公民在守法上一律平等。(2)公民的政治权利和自由。即选举权和被选举权,言论、出版、集会、结社的自由。(3)公民的宗教信仰自由。正常的宗教活动受国家保护。但任何人不得利用宗教进行破坏社会秩序、损害公民身体健康、妨碍国家教育制度的活动。(4)公民的人身自由。包括任何公民的人身不受非法侵犯,人格尊严不受侵犯,住宅不受侵犯,通信自由和通信秘密受法律保护等。(5)公民的批评、建议、申诉、控告、检举权和取得赔偿权。即公民对于任何国家机关和国家机关工作人员,有提出批评和建议的权利;对于任何国家机关和国家工作人员的违法失职行为,有向有关国家机关提出申诉、控告或者检举的权利;但是不得捏造或歪曲事实进行诬告陷害。(6)公民的社会经济权利。公民的社会经济权利,是公民参与国家政治生活的物质保障,宪法对公民享有的社会经济权利作了具体的规定。这些权利包括公民的劳动权、休息权,以及退休人员生活保障权和物质帮助权。

2.完备的法律规范体系,高效的法治实施体系,严密的法治监督体系,有力的法治保障体系,完善的党内法规体系。要坚定不移走中国特色社会主义法治道路,必须坚持党的领导、人民当家作主、依法治国有机统一。全面依法治国必须坚持厉行法治,推进科学立法、严格执法、公正司法、全民守法。政府及其工作人员要依法行政,率先做尊法守法的榜样,带动全体公民共同守法。要增强尊法学法守法用法意识,弘扬宪法和法治精神,强化规则意识,树立正确的权利义务观念。社会要加强法治宣传,弘扬法治精神,共同营造良好的法治文化环境,在全社会鲜明树立"守法光荣、违法可耻"的法治文化导向,实现社会的有序、公平、正义。

3.走中国特色社会主义法治道路,必须坚持的基本原则:

第一,坚持中国共产党的领导。中国特色社会主义法治最鲜明的标志就是坚持党的领导。党的领导是中国特色社会主义最本质的特征,是社会主义法治最根本的保证,把党的领导贯彻到依法治国全过程和各方面,是我国社会主义法治建设的一条基本经验。

第二,坚持人民主体地位。人民是依法治国的主体和力量源泉,必须坚持法治建设为了人民、依靠人民、造福人民、保护人民,以保障人民根本权益为出发点和落脚点,保证人民依法享有广泛的权利和自由、承担应尽的义务,维护社会公平正义,促进共同富裕。

第三,坚持法律面前人人平等。平等是社会主义法律的基本属性。任何组织和个人都必须尊重宪法法律权威,都必须在宪法法律范围内活动,都必须依照宪法法律行使权力或权利、履行职责或义务,都不得有超越宪法法律的特权。

第四,坚持依法治国和以德治国相结合。国家和社会治理需要法律和道德共同发挥作用。必须坚持一手抓法治、一手抓德治,既重视发挥法律的规范作用,又重视发挥道德的教化作用,实现法律和道德相辅相成、法治和德治相得益彰。

第五,坚持从中国实际出发。中国特色社会主义道路、理论体系、制度是全面推进依法治国的根本遵循。必须从我国基本国情出发,同改革开放不断深化相适应,总结和运用党领导人民实行法治的成功经验,发展符合中国实际、具有中国特色、体现社会发展规律的社会主义法治理论,为依法治国提供理论指导和学理支撑。

五、材料分析题

材料分析题一:

"枫桥经验"概括为四句话十六个字是:依靠群众,预防纠纷,化解矛盾,维护稳定。

"枫桥经验"是指20世纪60年代初，浙江省绍兴市诸暨县枫桥镇干部群众创造了"发动和依靠群众，坚持矛盾不上交，就地解决。实现捕人少，治安好"的"枫桥经验"。"枫桥经验"是新中国成立后在党领导下由基层创造的社会矛盾化解经验，运用好新时代"枫桥经验"，用法治思维和法治方式化解矛盾是法治政府建设的题中之义。

材料分析题二：

网络信息发展的当下，公民个人隐私信息在网上被泄露的风险也逐渐增加。更有甚者直接以"人肉搜索"这种故意行为侵犯他人隐私权。每个人都有隐私权。其他人不得以任何方式去侵犯他人的隐私权。隐私是每个人私人生活的一片安宁，人们有权保护自己的私密隐私，有权不被他人知晓。

《中华人民共和国民法典》第一千零三十二条规定：自然人享有隐私权。任何组织或者个人不得以刺探、侵扰、泄露、公开等方式侵害他人的隐私权。隐私是自然人的私人生活安宁和不愿为他人知晓的私密空间、私密活动、私密信息。

参考文献

[1]马克思恩格斯全集(第一卷)[M].中共中央马克思恩格斯列宁斯大林著作编译局,编译.2版.北京:人民出版社,1995.

[2]马克思恩格斯文集(第一卷)[M].中共中央马克思恩格斯列宁斯大林著作编译局,编译.北京:人民出版社,2009.

[3]马克思恩格斯文集(第二卷)[M].中共中央马克思恩格斯列宁斯大林著作编译局,编译.北京:人民出版社,2009.

[4]中共中央文献研究室.毛泽东文集(第六卷)[M].北京:人民出版社,1999.

[5]毛泽东选集(第一卷)[M].2版.北京:人民出版社,1991.

[6]毛泽东选集(第二卷)[M].2版.北京:人民出版社,1991.

[7]周恩来选集(上卷)[M].北京:人民出版社,1980.

[8]邓小平文选(第二卷)[M].2版.北京:人民出版社,1994.

[9]习近平谈治国理政(第一卷)[M].2版.北京:外文出版社,2018.

[10]习近平谈治国理政(第二卷)[M].北京:外文出版社,2017.

[11]习近平谈治国理政(第四卷)[M].北京:外文出版社,2022.

[12]在庆祝"五一"国际劳动节暨表彰全国劳动模范和先进工作者大会上的讲话[M].北京:人民出版社,2015.

[13]在庆祝中国共产党成立100周年大会上的讲话[M].北京:人民出版社,2021.

[14]在纪念马克思诞辰200周年大会上的讲话[M].北京:人民出版社,2018.

[15]论坚持全面依法治国[M].北京:中央文献出版社,2020.

[16]高举中国特色社会主义伟大旗帜 为全面建设社会主义现代化国家而团结奋斗——在中国共产党第二十次全国代表大会上的报告[M].北京:人民出版社,2022.

[17]在庆祝中国共产主义青年团成立100周年大会上的讲话[M].北京:人民出版社,2022.

[18]中共中央文献研究室.习近平关于实现中华民族伟大复兴的中国梦论述摘编[M].北京:中央文献出版社,2013.

[19]中共中央党史和文献研究院.习近平关于社会主义精神文明建设论述摘编[M].北京:中央文献出版社,2022.

[20]中共中央宣传部,中央全面依法治国委员会办公室.习近平法治思想学习纲要[M].北京:人民出版社,学习出版社,2021.

[21]新时代公民道德建设实施纲要[M].北京:人民出版社,2019.

[22]中共中2央关于党的百年奋斗重大成就和历史经验的决议[M].北京:人民出版社,2021.

[23]中共中央宣传部.习近平新时代中国特色社会主义思想学习问答[M].北京:学习出版社,人民出版社,2021.

[24]冯友兰.一种人生观——冯友兰的人生哲学[M].北京:中国人民大学出版社,2005.

[25]季羡林.季羡林谈人生[M].北京:当代中国出版社,2006.

[26]思想道德与法治(2023年版)编写组.思想道德与法治(2023年版)[M].2版.北京:高等教育出版社,2023.

[27]艾四林.新时代如何办好思想政治理论课[M].北京:人民出版社,2019.

[28]唐忠宝,张菁燕,戴月波.时代精神与青年力量——一堂思政好课[M].北京:人民出版社,2022.

[29]韩振峰.新时代高校思想政治教育及思想政治理论课教学研究[M].北京:中央编译出版社,2021.

[30]施索华,裴晓涛.新时代高校思政课的"打开方式"[M].桂林:广西师范大学出版社,2018.

[31]李腊生.高等教育基本规律视阈下的思政课教学改革与创新[M].武汉:武汉大学出版社,2021.

[32]胡海涛.大学生马克思主义认同及其与思政课实践教学关系研究[M].北京:经济日报出版社,2020.

[33]杨润,史财鸣.互联网+工匠精神[M].北京:企业管理出版社,2016.

[34]万明.走近当代大学生:有温度的思政教育[M].北京:人民出版社,2021.

[35]丁菁.《思想道德与法治》辅学用书[M].北京:中国人民大学出版社,2023.

[36]黄丽珊,李辽宁.《思想道德与法治》学生学习手册[M].成都:四川大学出版社,2021.

[37]李佳先,彭国平,赵燕."思想道德与法治"教学设计与学习指导[M].武汉:华中科技大学出版社,2022.

[38]沈红.思想道德与法治课程教学案例汇编[M].沈阳:辽宁大学出版社,2023.